U0120797

与自然嬉戏

宇云 编著

安元 插画

中国林业出版社
China Forestry Publishing House

图书在版编目（CIP）数据

与自然嬉戏 / 宇云编著；安元插画. -- 北京：中

国林业出版社，2024.4

ISBN 978-7-5219-2587-6

Ⅰ.①与… Ⅱ.①宇… ②安… Ⅲ.①游戏课—学前

教育—教学参考资料 Ⅳ.①G613.7

中国国家版本馆CIP数据核字（2024）第025026号

策划编辑：肖静

责任编辑：肖静　刘煜

装帧设计：刘临川

出版发行：中国林业出版社

　　　　　（100009，北京市西城区刘海胡同7号，电话83143577/83143643）

电子邮箱：cfphzbs@163.com

网址：https://www.cfph.cn

印刷：河北京平诚乾印刷有限公司

版次：2024年4月第1版

印次：2024年4月第1次

开本：710mm×1000mm　1/16

印张：12.25

字数：238千字

定价：58.00元

前言
QIANYAN

　　我小时候玩过很多游戏，比如，丢手绢，1、2、3木头人，传球，挖地洞，扔沙包，跳房子，等等——那个时候也只是玩得很开心，并不知道通过游戏还可以发展各种能力，并能与教育结合起来，虽然在无形中已经达到了目的。

　　多年前，我和朋友一起开了一个小的社区幼儿园，开设了英语培训班。我们想把游戏与英语结合起来，于是请了外教老师，然后绞尽脑汁地把每次英语活动做得游戏化。做过一段时间后，我感觉把游戏和教育结合起来没有那么难了！

　　开发"学习能力"课程的时候，课程内容也涉及很多的户外游戏，于是我又开始和课程的主创者马丁头脑风暴，研究怎样把注意力、记忆力、思维能力等训练用游戏的形式设计出来。有时候，我们坐在咖啡馆里讨论主题课程，聊得兴奋时就会旁若无人地把游戏表演出来。而这个过程也是非常好的一个课程讨论的过程，它会让游戏更有表现力。

　　我2014年开始北欧游学，也开始接触到自然教育，越来越被自然教育的魅力所吸引，也越来越喜欢自然教育。于是，我买来各种书籍学习，并在北欧参加了各种自然教育的培训，也因此与北欧自然学校和森林幼儿园结下了缘分，决心把北欧的课程引入中国。

　　我2017年开始开展国内自然教育老师的培训和组织自然教育研讨会。我在培训过程中不仅发现老师们对自然体验和观察探究的活动感兴趣，还发现其对自然教育活动中的热身游戏和自然现象游戏等更感兴趣，而且他们很需要这样的游戏来设计自己的课程，放入这些游戏也切合中小学生素质教育和幼儿园课程游戏化的目标。

　　虽然同一主题的培训做过很多次，但我们每次都会力求呈现一些新的东西，这样即使是以前学过的老师也能有新的收获。因此，尽管培训活动被设计了很多次，我们还是会跟第一次培训一样，认真地准备游戏活动，并在原来的基础上自己创编一些相关的游戏，设计新的环节。有时候我们全天都是在户外活动，那些自然游戏却让老师们一直保持着参与的热情与喜悦！

其实，自然与游戏结合并没有那么难，很多我们之前用过的游戏都可以改变一些元素而变成新的游戏，并与我们要开展的自然教育活动主题结合起来。比如"石头、剪刀、布"的游戏，这个游戏可以与环保、垃圾循环结合起来，还可以与光合作用结合起来，也可以与昆虫、植物等主题结合起来。

对儿童来说，生活的游戏从出生就开始了。起初，他们会认出父母和与父母最接近的声音和照片，然后开始探索周围更广阔的环境——先是爬行，然后走路。接着，孩子会接触同龄人和其他年龄段的人——这一时期是最重要的，因为孩子通过"游戏"被纳入社会。在童年时代，游戏对孩子的社会交往能力发展至关重要。家长们可能深有感触，孩子在家里的时候愿望是和妈妈爸爸一起玩，在幼儿园和学校里也总是会对老师说："我们什么时候可以玩游戏？"这些都是例子。

希望这些游戏可以让孩子们看到大自然的完整性，看到每个人在大自然中的角色和重要性（无论大小），意识到他们是自然大网络的一部分，获得对自然的更多认知，了解大自然更多的知识并学习尊重它，知道如何与自然和谐相处，在这个过程中承担他们的责任。相信孩子们通过游戏会取得最好的学习效果，而与自然密切接触也是实现我们教育目标的最佳方法。

在游戏的设置中，后半段都有提问的环节。这个环节中已经设置了一些问题，大家在实际操作的时候也可以增加或改变问题。每个游戏结束后都有分享环节，通过问问题，大家可以一起学习相关的知识，对游戏进行回忆，从而加深记忆。涉及自然现象主题的游戏，还需要老师提前了解相关知识。我们在本书游戏内容后附了一些知识介绍，老师也可以查阅资料，了解更多知识，通过有趣的方式让小朋友去探索与认知。

宇云

2023年10月于北京

本书使用说明

本书中的 129 个游戏中，

有热身游戏、注意力游戏及与自然教育活动主题相关的游戏，

如自然现象游戏、动物游戏、虫子游戏、植物游戏、

水主题游戏、感官游戏、土壤游戏、环保游戏、

天气与能量转换游戏等。

每个游戏后都附有相关科学现象与知识的说明，

让读者能更好地理解游戏与自然教育结合的意义。

这些游戏可以供读者参考，

也希望读者在使用这本书中的游戏时，

可以根据自己活动的主题对游戏进行改进和调整，

以更适应活动场景并为自己的主题服务！

目录

MULU

前言 ·· 01

本书使用说明 ·· 03

壹　自然游戏的设计规则 ··· 001

什么是游戏 ·· 002
游戏的发展变化 ·· 003
自然游戏的意义 ·· 004
自然游戏的理论与实践 ·· 006
自然游戏的设计规则 ·· 007
游戏的场地选择 ·· 008
游戏的材料选择 ·· 008
游戏中的安全 ·· 009
怎样让游戏为课程的主题服务 ·· 010
室内游戏与室外游戏的转换 ·· 011
从一个游戏到多个游戏 ·· 012
不打扰，不破坏 ·· 013

贰　热身游戏和破冰游戏 ··· 015

我是谁 ························· 017　　盲跑 ························· 018

最小空间 …………………… 019　　传木头接力 ………………… 024

传球 ………………………… 020　　合作运球 ………………… 025

指令 ………………………… 021　　团队口号 ………………… 026

乌鸦喝水 …………………… 022　　运输松果 ………………… 027

圈中取水瓶 ………………… 023　　举起我 …………………… 029

叁　注意力游戏 ………………………………………… 031

手指逃脱 …………………… 033　　蚂蚁搬运 ………………… 050

昆虫蹲 ……………………… 034　　圆圈里有什么 …………… 051

鲨鱼1 ……………………… 035　　走路方式1 ……………… 052

鲨鱼2 ……………………… 036　　走路方式2 ……………… 053

流水 ………………………… 037　　动物扮演 ………………… 054

大树与松鼠 ………………… 039　　1、2、3 ………………… 055

下雨了 ……………………… 040　　老鹰与乌鸦 ……………… 056

蜘蛛换网 …………………… 041　　找目标 …………………… 057

图形变变变 ………………… 042　　音乐拍击与颜色 ………… 058

渔网 ………………………… 043　　反动作 …………………… 059

开火车 ……………………… 044　　捡木棍 …………………… 060

小猫钓鱼 …………………… 045　　指南针 …………………… 061

垃圾分类 …………………… 046　　机器人 …………………… 062

小精灵到我这里来 ………… 048　　夺宝 ……………………… 063

自然物大风吹 ……………… 049

肆　自然现象游戏 …………………………………… 065

一、虫子 ………………………………………………… 067

昆虫变变变 ………………… 067　　蚯蚓爬 …………………… 074

蜘蛛与昆虫 ………………… 068　　金龟子的"木马计" ……… 076

蚜虫、蚂蚁、瓢虫 ………… 070　　守株待兔（蜘蛛与昆虫）… 078

蝴蝶的生命周期 …………… 071　　蜗牛比赛 ………………… 079

蝴蝶与花儿 ………………… 073　　蝉鸣声声 ………………… 080

蜻蜓 …………………………… 081　　萤火虫的小灯笼 …………………… 084

蜜蜂传粉 ………………………… 082

二、其他动物 ……………………………………………………………… 085

小鱼找食物 ……………………… 085　　蜥蜴接力赛 ……………………… 095

小鱼的生存 ……………………… 086　　松鼠换巢 ………………………… 097

狐狸和松鼠 ……………………… 087　　沼泽山雀 ………………………… 099

松貂来了 ………………………… 088　　松鼠储藏食物 …………………… 100

森林音乐会 ……………………… 090　　麻雀与种子 ……………………… 101

蛇蜕皮 …………………………… 091　　小鸟筑巢 ………………………… 102

逛动物园 ………………………… 092　　驼鹿游戏 ………………………… 103

模仿哺乳动物 …………………… 093　　龟兔赛跑 ………………………… 105

捉尾巴 …………………………… 094

三、植物 …………………………………………………………………… 106

物种 ……………………………… 106　　叶子和大树 ……………………… 110

向日葵 …………………………… 107　　种子的传播 ……………………… 112

植物保卫战 ……………………… 108　　小园丁 …………………………… 113

森林管理员 ……………………… 109　　大树的对话 ……………………… 115

四、生态系统 ……………………………………………………………… 116

水生生物食物链 ………………… 116　　彩虹伞 …………………………… 122

陆生生物食物链 ………………… 118　　食物链顶端（有毒物质） ……… 124

食物网 …………………………… 119　　栖息地 …………………………… 126

塑料循环 ………………………… 121　　自然物地图 ……………………… 127

五、光和天气 ……………………………………………………………… 129

镜子中的我 ……………………… 129　　温室气体 ………………………… 134

光与影子 ………………………… 130　　光合作用 ………………………… 136

造彩虹（彩虹制造者）………… 132

六、空间和感知 ························· 138

聆听声音 ················· 138   感官小剧场 ················· 141

声音地图 ················· 139   地图寻宝 ················· 142

声音在哪里 ············· 140   空间感训练 ············· 143

伍　认识物种图卡游戏 ························· 145

蔬菜认知 ················· 147   我与虫子 ················· 155

宾果游戏 ················· 148   卡片配对 ················· 156

蝇子拍 ····················· 149   鱼的记忆 ················· 157

"海豚、海豚、海豚" ··· 150   小鸟左右看 ············· 158

虫子名称 ················· 151   水果大作战 ············· 159

跟上蚂蚁 ················· 152   九宫格 ····················· 160

植物配对 ················· 153   我是谁 ····················· 161

树与炸弹 ················· 154   脖子上的动物（植物）··· 162

陆　自然中的创意游戏 ························· 165

森林精灵 ················· 167   虫子的家 ················· 175

小精灵村 ················· 168   鼹鼠的地道 ············· 176

颜色图案 ················· 169   有机大餐 ················· 177

叶子与我 ················· 170   复制图画 ················· 178

自然的颜色 ············· 171   建一所可持续幼儿园（学校）········ 179

石头小路 ················· 172   防御城堡 ················· 180

小马过河 ················· 173   装饰一棵树 ············· 181

雪雕 ························· 174

后记 ························· 183

附：自然游戏百宝箱 ························· 185

设计规则

Sheji guize

壹

自然游戏的
设计规则

ZIRAN YOUXI

DE

SHEJI GUIZE

什么是游戏

　　游戏是一种古老的活动，甚至早于人类出现。而什么是游戏，可能人与人的理解不尽相同。我们可以用以下文字来描述游戏：没有确定的结果，由规则指导，涉及严肃、趣味、开心和自愿参与等。有人说游戏即生活，从人一出生，游戏就开始了。历史上很多名人对游戏都有不同的定义，如柏拉图认为游戏是一切应幼儿（动物的和人的）生活和能力提升需要而产生的有意识的模拟活动；亚里士多德的游戏定义是劳作后的休息和消遣，是本身不带有任何目的性的一种行为活动。游戏是人类与生俱来的本能体验，是人类愉悦身心最简单、最普遍的活动。游戏有两个最基本的特性，一是以直接获得快感（包括生理和心理的愉悦）为主要目的，二是主体参与互动。主体动作、语言、表情等变化与获得快感的刺激方式及刺激程度有直接联系。

　　瑞士心理学家皮亚杰认为，游戏是思维的一种表现形式，实质是同化（对新信息进行一些修正甚至扭曲，以适应原有的认知结构的过程）超过了顺应（改变已有的认知结构以适合顺从实际情况的过程）。儿童早期认知结构发展不成熟，不能够保持同化与顺应之间的协调或平衡。这种不平衡有两种情况：一种是顺应大于同化，表现为主体忠实地重复范型的动作，即模仿；另一种是同化大于顺应，表现为主体完全不考虑事物的客观特性，只是为了满足自我的愿望与需要去改变现实，这就是游戏。游戏的发展水平与儿童智力发展水平相适应，在智力发展的不同阶段，游戏的类型不同。皮亚杰认为儿童需要游戏，游戏可以帮助他们解决与外部世界的冲突。游戏的主要功能就是通过同化作用在想象中改造现实，获得情感方面的满足。

　　在教学活动中，游戏成为一种教育工具，同时提供了获得经验和冒险的机会。游戏中的时间设计也是一个重要的因素，可以让游戏更有挑战性；但忘记游戏的时间，也可以让游戏参与者完全地投入游戏中，享受游戏的乐趣。不管是游戏的设计者，还是游戏的参与者或游戏使用者，都可以在各种游戏中找到不同的意义。

游戏的发展变化

游戏的发展变化是一个复杂而多元的过程，它随着时代的进步和科技的革新不断演变。最初，游戏作为动物本能的体现，是动物们熟悉生存环境、增进彼此了解、习练竞争技能的重要方式，是一种本领活动。而当游戏进入人类社会后，其内涵与形式发生了显著变化。

在人类社会中，游戏不仅保留了动物本能活动的特质，还融入了人类的智慧、情感和社会价值。人类创造了多种多样、具有文化特色的游戏活动，这些游戏不仅仅是简单的娱乐活动，更承载着培训生存技能、培养智力等更深层次的目标。

随着科技的进步，游戏的形式和内容也不断创新。从最初的简单棋类游戏到如今的电子游戏、虚拟现实游戏等，游戏的技术和玩法都在不断进化。这些变化不仅丰富了游戏的形式和内容，也提高了游戏的互动性和沉浸感，使游戏的参与者能够更加深入地体验游戏世界。

同时，游戏在社会中的地位和影响也逐渐提升。游戏不再仅仅是儿童的娱乐方式，而是成了一种跨年龄段的文化现象。游戏不仅可以带来乐趣和放松，还可以培养团队协作、创新思维等能力，成了一种有益的教育工具。

未来，随着科技的进一步发展和社会的变迁，游戏将继续演变和创新，回归自然的游戏以及自然与科学结合的游戏也将会成为更重要的部分。

综上所述，游戏的发展变化是一个不断适应时代需求与变化的过程。从动物本能的体现到人类社会的文化创造，再到科技革新的推动，游戏不断展现出新的面貌和价值。在未来，游戏将继续成为人类生活中不可或缺的一部分。

自然游戏的意义

自然游戏是在自然中进行的游戏或与自然相关的游戏。2020年2月，发表在美国《公共科学图书馆·综合》杂志上的澳大利亚南澳大学的一篇综述论文以2927篇同行评议文章为研究对象，系统分析了自然游戏空间（如森林、绿地、花园、池塘、泥地、沙地等各种自然环境）中的游戏对儿童身体健康、社交和情感技能发展的影响。研究发现，大自然不仅可以改善儿童的身体活动水平、运动技能、社交和情感技能等，还对儿童的认知水平和学习效果、注意力、想象力都有着很大的提升作用。

研究者认为，在大自然中进行游戏活动对儿童来说是非常重要的，这种重要性不仅体现在身体健康方面，也体现在心理健康和社交健康方面——这对于教育工作者、健康工作者、政策制定者和空间设计者来说都具有重要指导意义。

自然游戏可以让孩子亲身体验、了解自然，与自然连接。人类只是大自然的组成部分，自然界中还有很多的事物等着我们去发现、去探索。

在主题教育课程正式开始之前，设置热身游戏，教学效果会更佳。它可以达到两个目的：一是把学生的注意力吸引到课程教育活动中；二是通过游戏自然过渡到课程的内容，可增加课程趣味性和学生参与感。在教学活动中使用自然游戏作为热身游戏，可使孩子们对主题活动的理解和体验更深刻，参与度更高，达到事半功倍的效果。尤其是对于小一些的孩子，自然游戏会让教育活动变得更有趣味，更容易理解。

美国自然教育作家约瑟夫·克奈尔在《与孩子共享自然》中介绍的流水学习法如今被全世界自然教育工作者广泛应用。流水学习法分为四个阶段：唤醒热情，培养专注力，直接体验，分享感悟。第一步，唤醒热情，即通过趣味性的游戏活动，激发起孩子探索自然的热情。这些趣味性的游戏活动形式多样，体验感很强，不但满足了孩子爱玩的天性，而且以动态的开始，能迅速建立起学生与老师以及活动主题的连接，为后面的活动做好准备。第二步，培养专注力。孩子在自然教育活动中需要保持注意力，才能更好地去探索、观察、研究。这个阶段的活动会让孩子们静下来，专注地去观察一个事物或倾听自然的声音等。专注力活动能帮助孩子更细心、敏锐地面对自然、感受自然，为进一步提升感受、直接体验自然做好准备。第三步，直接体验，即使孩子们沉浸在自然中，与自然建立深入的联结，获得内在的、直接的自然知识。在这个环节要深入自然，把自己融入自然，运用所有的感官与自然亲密地互动，培养深层次的学习能力和感受力，培养同情心和爱的能力。第四步，分享感悟。活动结束，大家围坐在一起，每个人都与他人一起进行回顾、总结、反思、分享，可以相互学习，强化个人体验，增强对自然知识的理解，获得更多的灵感，提升团队意识。

流水学习法的前三个阶段，都可以通过自然游戏来完成。尤其是唤醒热情和培养专注力，需要这些热身游戏来让孩子们释放能量，增加兴趣，集中游戏力量，对知识进行更深入了解，以达成自然教育活动的目标。

自然游戏，是把自然教育中不同的主题活动以游戏的形式进行，比如，通过玩游戏了解昆虫的身体构造、特征，通过游戏体验动物的走路方式，通过游戏了解自然现象的形成，等等。

把自然教育与游戏结合起来，可以让孩子们更喜欢探索自然，更愿意去观察自然、发现自然，与自然建立深度的连接。

关于自然游戏的好处，瑞典林雪平大学联合欧美其他几所大学多年研究显示：自然游戏对义务教育阶段儿童，不管是健康方面还是学习方面都有非常积极的影响。

> 游戏是实现课程目标的一种方法。

> 游戏是一种有趣的学习方式，在游戏中产生的内啡肽有助于提高学习的欲望和创造力。

> 游戏让没有从传统学习中受益的学生产生兴趣。

> 游戏中的运动和被激活的感官使整个身体都在记忆，因此知识变得更加深刻。

> 在没有足够时间既学习又活动时，游戏能更好地将两者结合在一起，即将理论科目与体育活动相结合。

> 户外空间，无论是在校园内还是在更远的自然区域，都提供了比在教室里更令人兴奋的体验。

> 户外从不缺乏良好的通风，很少缺乏空间，而且噪音水平很少令人不安。

> 自然游戏有助于更深入地了解生态环境，这也是理解我们的环境问题的基础，是创建生态可持续社会的条件。

> 在大自然中进行的关于大自然的游戏会变得更加逼真。

自然游戏的理论与实践

自然环境在儿童成长和发展中扮演着不可替代的角色，为孩子们提供了多样性、挑战性和创造性的成长空间。陈鹤琴先生曾明确指出："大自然、大社会都是活教材。"这一观点强调了自然环境和社会环境对于儿童教育的重要性。

自然主义教育理论作为西方教育史上的经典研究成果，其核心理念是让儿童的教育符合自然的发展规律。自然主义教育家们致力于探索在自然环境中发展儿童内在本质的理论和实践。自然游戏正是基于这一理论背景，通过让孩子们在自然环境中进行游戏，提升他们的体能、社会交往能力、学习能力等。

自然游戏不仅贴合了《中小学环境教育实施指南》提出的要求，让孩子们珍爱生命、保护环境、爱护地球，了解人类、社会和自然的关系，而且是幼儿园课程游戏化内容的重要组成部分。幼儿园课程游戏化强调将幼儿园课程与自然环境相结合，让课程更加适合幼儿，更生动、丰富和有趣。这种课程游戏化是对现有课程的提升、改造和完善，旨在吸引儿童专注地投入活动，激发和提升他们的兴趣，满足他们的需要，从而让他们获得更多新的经验。

儿童天生具有"内在生命力"，这种内在的生命力驱使他们去探索、去体验、去学习，而自然游戏正是他们释放这种生命力的最佳舞台。

在自然游戏中，儿童可以在教师的积极引导下，自主选择学习方式和学习进程。在自然游戏中，教师可以通过引导、启发和激励的方式，帮助儿童发现问题、解决问题，并鼓励他们尝试不同的方法和策略。这种支持不仅有助于提升儿童的综合能力，还能激发他们的创造性和创新精神。

同时，在自然游戏的背景下，儿童也有权利和能力参与开发并使用课程。这意味着儿童可以参与到游戏的设计和实施过程中，选择自己感兴趣的主题和玩法，决定游戏的进程和规则。这种参与不仅能让儿童更加投入和享受游戏的过程，还能培养他们的决策能力、合作精神和责任感。

更重要的是，儿童在自然游戏中可以参与课程建构，并从中获得发展。教师可以根据儿童的兴趣和需求，设计符合他们年龄特点和认知水平的自然游戏课程。这些课程不仅关注知识的传授，更注重能力的培养和情感的体验。通过自然游戏，儿童可以发展自己的观察力、思考力、创造力和合作能力等，为未来的全面发展打下坚实的基础。

因此，将自然游戏与儿童的学习和发展相结合，是一种既符合儿童天性又富有教育意义的教学方式。它让儿童在快乐的游戏中自主学习、主动发展，充分展现了他们内在的生命力和无限可能。我们应当充分利用自然环境，为儿童创造一个充满乐趣、挑战和创造性的学习环境，促进他们的全面发展。

自然游戏的设计规则

自然游戏的设计规则与一般游戏的设计规则类似，因为自然游戏大部分是在户外，在自然环境中进行，所以还需要针对自然游戏的环境和场地进行选择与考察。对于幼儿园的孩子，自然游戏最好是混龄进行，孩子们在游戏中可以相互协作，相互学习。材料的选择也应以自然物为主，可以辅以其他的物料。在活动规则方面更需要遵循自然的特点和体现活动的主题和目标，并且规则越少越好。自然游戏的设计既要体现自然教育的目的，也要体现游戏的趣味性。游戏一般会有失败者，会设计淘汰方式，但我们希望在游戏的设计中最好不要让失败者退出，而是选择其他方式让失败者继续游戏，如从1数到10、围着树跑5圈、变成其他的角色继续游戏等。

本书中游戏的设计元素主要包括以下内容：①游戏名称；②适合年龄段；③参与人数；④游戏目标；⑤材料；⑥游戏说明；⑦游戏的拓展；⑧分享总结；⑨提问。

本书中的游戏虽然列出了适合的年龄段，但其实绝大多数游戏都适合3岁以上所有年龄段的孩子，老师可以根据孩子的实际年龄进行适当的调整。这些游戏也是培训活动中非常好用的游戏，成人也都特别喜欢这些游戏。游戏人数一般是以一个班级（20~30人）或者一个参加培训的团队人数为准。有的游戏是需要分组的，有的不需要，大家可以根据人数选择适合的方式。对于分组的游戏，如果参与者是幼儿园的孩子，每组要有一个成人带领，一般4~5个孩子分配一个老师或成人。

游戏的场地选择

游戏的场地可以是学校或幼儿园的院子、公园或户外自然区域等。游戏活动要在限定的区域内进行，并且要有足够大的空间。对于小一些的孩子，要把游戏区域的边界标示出来，可以用小丝带、毛线绳或衣夹等。

在选择游戏场地的时候，老师需要进行实地考察，了解区域环境，观察活动区域内是否存在风险，如地面是否有坍塌的风险，是否有水井、水道、比较深的小河等，有没有动物的巢穴（如狐狸穴或獾窝），有没有黄蜂的蜂巢，有没有毒蛇等有毒的动物，有没有针刺类的植物等。老师还要了解如何到达这个区域，比如是需要走路还是乘车。如果走路去活动区域，距离最好在10分钟内可以到达。在游戏活动前，要详细了解这个区域，制定活动计划和风险规避计划等。可以画出区域地图，标注活动地点。

游戏的材料选择

《3~6岁儿童学习与发展指南》中指出：游戏是幼儿学习和发展的重要途径，在游戏中他们能够进行自由选择，合作交流，探索发现。正因如此，游戏活动越来越受到教师们的关注。自然材料则以其丰富多样、随手可得、可变性强、经济实用、低结构、开放性等特点，能够弥补幼儿园材料不足，从不同维度满足幼儿游戏的需要。

自然游戏中的材料越简单越好，以自然物为主，很多游戏无需材料。可以用作自然游戏材料的物品也是丰富多样的，各种废弃物、学校和幼儿园里现有的玩教具、图卡，以及从自然中收集的树枝、种子、石头、果实、落叶、树皮、花草等自然物都可以成为游戏中的物料。

若有需要的材料，可以购买，也可以选择一些免费的材料，如哨子、白布、绳子、围巾、毛线、丝带。当然，有一些材料老师也可以和孩子们一起设计、制作。

学校和幼儿园教师在自然游戏活动中可以把用过的材料收集起来以便下次再用。教师还可以和孩子们一起做一个"自然材料百宝箱"，把每次用到的自然材料中可以继续使用的装入百宝箱中。这样，百宝箱中的材料就会越来越多。教师和孩子们还可以用百宝箱里的材料回顾以前做过的活动或者创编故事等。

游戏中的安全

孩子在自然中游戏时，最重要的是安全。

首先，老师需要了解日常安全常识，制订和实施有效的安全防护措施，并带上急救包。孩子在户外活动时应以宽松、舒适、透气、吸汗、便于运动的服装为主。应根据天气情况及孩子户外活动量的大小，及时让孩子增减衣物。着装要适当，不要太多或太少，可以分层穿衣服，方便衣服的加减。冬季要让孩子戴上帽子、手套。在户外游戏时注意检查孩子身体，不要太冷，也不要太热，还要保持干燥。如果活动时间长，要带上足够的水和食物。

北欧户外活动的一线老师根据经验制订的分层穿衣规则是：上身从内到外依次是保暖内衣、衬衣、薄毛衣、防风夹克；下身从内到外依次是短裤、保暖裤、防风裤。当然，一些小物件（如帽子、围巾、手套、袜子、雨靴等）也是很重要的，袜子可以准备两双，方便替换。

其次，要检查孩子们活动的自然空间是否存在较大的隐患。例如，土地是否相对平坦，环境中是否存在隐患。如果存在，老师们要先对其进行处理，为孩子们提供相对安全的自然活动环境。

最后，游戏材料的选择要符合孩子的年龄特点，对于很小的孩子，要避免使用锋利、尖锐的材料。游戏中要按老师的演示正确地操作。

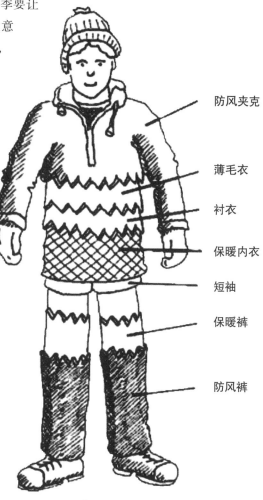

防风夹克

薄毛衣

衬衣

保暖内衣

短袖

保暖裤

防风裤

穿衣规则

怎样让游戏为课程的主题服务

　　对于自然教育活动，我们也需要有一套系统的课程，有不同的主题。自然教育是跨学科的，我们可以通过某个主题的自然教育活动来重点表现想要渗透的学科内容。比如，搭建"昆虫旅馆"这个活动[①]融合了自然科学、艺术、数学、社会、语言等领域知识。如果老师想重点关注自然科学领域，就可以在活动中去侧重如"昆虫旅馆"的建造原理、辨认昆虫的方法、昆虫的生活习性和生存环境、可持续发展的概念等方面。游戏也是同样的道理，可以根据不同的学科、不同的领域来设计游戏，或让某个已有的游戏经过调整和改变某些元素来为这个主题服务。比如"小鱼找食物"游戏[②]，开始之前可以让大家先捡一堆长短不一的木棍，把木棍堆放在中间，然后分组（每组5~8人，代表一群小鱼），各组用绳子圈出自己的位置，代表鱼群的家，并围绕在木棍周围一定的距离处。游戏开始时，每组要一个人一个人地前去家里拿木棍。每人每次只能拿一根木棍，第一个人返回后，第二个人出发，依次循环。等木棍被拿得还剩几根后游戏结束。每组要把自己的木棍按长短排序，并且数一数一共多少根。这个游戏可以是海洋生物的游戏，也可以改成鸟类的游戏（如小鸟的食物游戏），还可以是其他动物游戏（比如小松鼠捡松果）。游戏还结合了数学知识，锻炼团队合作、语言表达等。这个游戏可以作为某一个相关主题的热身游戏，激发孩子参与主题活动的热情和兴趣。

---

① 活动具体内容见《自然教育幼儿园活动指导手册1》109页。
② 见本书85页。

室内游戏与室外游戏的转换

　　一个自然游戏，可以先从室外开始，也可以先从室内开始，而且可以进行室内外转换。比如寻找树叶的游戏，孩子们可以先在户外进行游戏，根据任务寻找不同的树叶，等户外活动结束后，把那些收集的叶子带回室内，进行树叶记忆游戏、比较游戏和创意游戏。再如昆虫的游戏，可以先从室内根据自己的想象画昆虫或者观看昆虫的视频以及观察昆虫模型等，然后再到室外玩昆虫游戏，探索昆虫的世界。这些结束后，可以继续到室内进行与昆虫有关的游戏活动。本书里的大部分游戏都是既可以在室内玩又可以在室外玩的游戏，幼儿园可以根据需要选择活动的空间，不过最好是在户外玩，这样孩子们会更有感悟，能更好地与自然建立连接。

从一个游戏到多个游戏

　　学会灵活地运用游戏的变化设计新的游戏，可以给老师带来更多的教育资源与创意，而不是将书中的游戏用完就觉得没有游戏可用了。如果能把一个游戏规则了解透彻，举一反三，变化游戏中的几个元素，就会让一个游戏变成多个游戏，这样老师就会有源源不断的新游戏来给孩子们玩。

　　以我们幼儿园常用的"萝卜蹲"游戏为例。经典的萝卜蹲游戏规则是，每个人选择一种颜色的萝卜，如白萝卜、黄萝卜、红萝卜、绿萝卜、紫萝卜等，白萝卜的人先说"白萝卜蹲，白萝卜蹲，白萝卜蹲完红萝卜蹲"，说的同时要做相应的动作，然后指定哪种颜色的萝卜，代表该颜色萝卜的人要继续按这种方式说并做相应的动作。如果被指到的人没有及时反应或说错，就被罚（如数到10）后再回归游戏（因为我们不建议淘汰，所以可以使孩子通过一种方式再回归游戏，比如数几个数或围着某个物品跑几圈等）。这个游戏的目标是认识颜色，锻炼快速反应能力、注意力、记忆力等。如果我们要做昆虫主题的活动，可以把萝卜换成昆虫的名字，比如"蚂蚁蹲""蜻蜓蹲"。这样可以学习昆虫的名称，游戏规则不变。也可以改变名称和游戏规则，比如，让孩子们每人捡一种自己喜欢的自然物，大家围成一圈，把自然物拿到手中，用萝卜蹲游戏的方式说出自然物的名称，比如"树叶蹲""石头蹲""木棍蹲"等。还可以用分组来改变游戏方式：一组选择一个物品，说到某一个物品的时候，整个组的人都要统一做相应的动作。当然，还可以把蹲改成跳、拍手、转身等各种不同的动作。这样，通过一个游戏就可以做好多种不同的游戏了。

　　本书中介绍了129个游戏，如果一个游戏能变出三个游戏，那么就会有387个游戏了，即使每天玩不一样的游戏，还能一年多的时间不重样。

不打扰，不破坏

在北欧，人们都享有公共通行权（瑞典语为"Allemansrätten"）。它允许公众自由漫步，甚至在私有土地上露营、采摘野生浆果和蘑菇；它同时也带来了责任，让人们小心对待动植物和其他人的财产。这可以用一句话来概括："不打扰，不破坏。"

记得2019年采访一位瑞典露天幼儿园的创始人时，他说："森林是我们的户外教室，一年四季学习的地方，我们会一起与孩子决定不同的活动内容、地点、位置等。我们会根据天气变化做户外活动教学，如晴天做太阳反射的游戏，雨天做水的实验。无论什么样的天气，我们都尽量给孩子们创造机会去体验，去探索。有时我们会'敲门'，问我们是否可以进来——因为我们是森林里的游客，森林是动物们的，我们必须尊重并照顾它们。有时我们会倾听森林，把声音进行分类，分辨是动物、植物、人为的声音还是别的声音，我们还会用森林中的自然物去制造一些声音，如用木棍敲击石头等。在森林中想象力是没有极限的，我们有时用放大镜或用卫生纸卷制成的手工双筒望远镜去观察，有时走上山坡从上往下纵览全景，我们还会从一年中的秋季到次年春季跟踪观察鸟儿。自然是欢迎我们的，但是请记住不要去打扰和破坏。"

北欧的公共通行权给大家带来了很多方便，孩子们可以去很多地方开展户外活动，但同时他们也遵守着"不打扰，不破坏"的规则，有利于更好地保护自然，让自然教育活动能可持续。

在与北欧自然学校老师一起做活动的时候，经常会看到他们随身携带一个垃圾袋。他们在自然中行走的时候，会把看到的垃圾捡拾起来，装入垃圾袋中。这是非常好的一个习惯。北欧的学校和幼儿园每年春季和秋季都会组织学生们去捡垃圾，让他们从小就建立对自然的保护意识。我们在做自然教育活动或培训的时候，都会首先告诉孩子或老师们，我们要爱护自然、保护自然，尽量把地上的自然物都捡起，活动结束后要把所有的垃圾带走。如果我们在每次做自然教育活动的时候都这样告诉孩子们，慢慢地，他们就会养成良好的习惯。

Reshen Pobing

热身游戏和破冰游戏

RESHEN YOUXI

HE

POBING YOUXI

热身游戏，主要用于团体活动前的暖身，可以提高参加者的思维活跃度，使其达到较好的状态，同时可以活跃团队气氛，为进一步的团体活动和交流做好准备。

热身运动英文是 warm up，又称准备运动。

在进行主要身体活动之前，以较轻的活动量先行活动肢体，为随后更为强烈的身体活动做准备，目的在于提高随后激烈运动的效率与激烈运动的安全性。锻炼之前，人体的机能和运动效率不可能在一开始就达到最高水平，因而需要通过热身调整运动状态，做好心理准备。

而我们自然教育要做的热身活动，主要作用还在于唤醒参与者的热情，让儿童可以更好地进行能量释放，以便能更愿意和集中注意力参与后面的活动，对后面的主题活动更有兴趣。

当然，热身活动也不一定要与主题相关联，根据活动需求去设计就行了。

自然教育培训和儿童户外活动中也经常会设计破冰游戏，这样可以更好地让大家互相了解、熟悉，以便更好地进行团队合作，一起完成任务。破冰游戏一般会用于培训活动的开始阶段或者孩子的营地活动中等。

破冰游戏，英文为 ice breakers，是一种打破人际交往中怀疑、猜忌、疏远和藩篱的游戏，就像打破严冬厚厚的冰层。"破冰"是一个专业术语，指的是培训当中一项专业的技术，特别在户外拓展当中，可以说成功的破冰是整个培训达到预期效果的关键。

"破冰游戏"这个叫法起源于冰山理论。冰山理论是指人就像一座冰山一样，意识到的部分只占了很少的部分，而更大的部分是潜在的意识部分，或者说是不容易被觉知的意识部分。破冰就是把人的注意力引到现在，因为注意力在现在就无法或者不容易被潜在的意识影响，这样就可以离开怀疑、猜忌、疏远，达到团队融合，进而达成团队合作及培养相互之间的默契及信任。

在这个章节中，设置了一些热身活动和破冰游戏供大家参考，当然，老师们也可以根据这些游戏调整更适合自己活动需要的热身或破冰游戏。在做游戏的时候，老师要介绍游戏规则，并演示给孩子们，可以先练习，然后再正式开始游戏。大部分游戏没有固定的结束时间，可以根据游戏中大家参与的情况决定什么时候结束游戏。

我是谁

📄 **游戏目标：** 互相认识，

大胆表现自己，沟通，模仿，

锻炼记忆力

📦 **材　　料：** 无

🎚 **适合年龄段：** 3岁及以上

👥 **参与人数：** 3人及以上

游戏说明： 大家围成一个圆，从其中一个人开始介绍自己，介绍的内容包括：自己叫什么（姓名和自然名），来自哪个单位（班级），喜欢的一项户外运动是什么（用动作表现出来），然后所有人一起重复这个人的介绍并做这个户外运动的动作。接着第二个人开始介绍，第二个人介绍完后，所有人重复第一个人和第二个人的介绍和动作，依次类推。例如，第一个参与者自然名叫阳光，来自北京某学校，喜欢的户外运动是滑雪（做滑雪的动作）。他介绍完后，大家一起说："阳光，滑雪。"并做出滑雪的动作。第二个人自然名叫小草，来自天津某小学，喜欢的户外运动是踢足球（动作表演）。介绍完后，大家一起说："阳光，滑雪（做动作）；小草，踢足球（做动作）。"依次类推。如果人数太多，可以只做前面一个人的动作。这个游戏可以作为互相熟悉的游戏，也是很好的破冰游戏。

这个游戏也可以用来介绍自己喜欢的水果、植物或动物等，比如，喜欢的动物是猴子，可以模仿猴子的动作，或喜欢的是苹果，也可以比画出苹果的形状等。

游戏结束后，大家一起分享一下游戏的感受，说说为什么能记住那么多的动作。

提问

大家从这个游戏中能感受到什么？为何大家能记住那么多人的动作？游戏中用到了哪些记忆方法？（位置记忆法、复述记忆法、关联记忆法。）

盲跑

📄 **游戏目标：** 锻炼感官能力，培养信任，培养自信，培养勇敢，学会合作

📦 **材 料：** 无

🔝 **适合年龄段：** 3岁及以上

👥 **参与人数：** 10人及以上

游戏说明： 把所有人分成人数相同的两组，两组人面对面站成两排，距离是面对面的两个人均伸出手臂后恰好能触碰到的距离。活动开始时，从一排最左边或最右边的第一个人开始，闭着眼睛跑过两排人组成的小路，跑过时所有人的手臂要尽快放下来，跑到另一头时站在最后的那个人提示停止，或过去拉一下他，他就可以睁开眼睛，然后站到同一排的最后一个位置上。接着，另一排的第一个人开始跑，跑过去后站到该排的最后一个位置上，依次类推，直到所有的人都跑过一次。做这个游戏也可以两排人不伸出手臂，中间留出大概1米左右的距离的小路，或每个人的两个手臂抬起来，手心朝内向上举在胸前，这样就不会成为跑过人的障碍，并在其跑偏时能及时提示。游戏结束后，大家要分享一下游戏中的感受，例如，作为跑的人和站在两边的人有什么感想。

提问

在跑之前和跑之后有什么感受？这个游戏给大家什么启发？如果有的人手臂不及时放下来会怎么样？大家需要怎么配合才能让游戏更顺畅、安全？

最小空间

📄 **游戏目标：** 学会合作，学会信任，学会想出策略

📦 **材　料：** 坐垫或报纸，自然物等

📈 **适合年龄段：** 3岁及以上

👥 **参与人数：** 5人及以上

游戏说明： 分组（5~8人一组），每组用坐垫、报纸或者树桩等作为站立的空间。如用坐垫，首先把坐垫展开，每组的所有人想办法都站立在坐垫上，脚或其他部位不能碰到坐垫外的地面。大家要在坐垫上站立至少5秒钟。成功后可以提高难度，比如，把坐垫对折后站立，或者坚持更长时间等。这个游戏也可以用自然物，比如，大家一起站立在一个树桩上或一块石头上。游戏结束后，大家说一说自己的感受，说说怎样才能完成任务。

提问

大家怎样才能一起站立在一个小小的坐垫上？游戏中如果有一个人不配合，是否能完成任务？在这个游戏中，大家需要怎样合作？

传球

📄 **游戏目标：** 培养技能，培养注意力，培养合作精神，锻炼快速反应能力

📦 **材　料：** 小球或自然物

🚶 **适合年龄段：** 3岁及以上

👥 **参与人数：** 6人及以上

游戏说明： 分组，每组6~8人。每组人站成一排，每个人右手手掌朝上放到另一个人的左手上（最后一个人除外）。从第一个人开始传球，球不能掉到地上。传球的时候也可以每传到一个人，这个人就说出自己的名字。也可以大家一起围成一圈，一圈圈传球，看谁接不住。还可以从相反方向传球，或者依次传不同的物品。做此游戏也可以把球换成自然物，比如小石头、木棍、果实等。

提问

传球的过程中要怎样？如果接球的人又要说出自己的名字，又要接住球使其不掉，是不是注意力要非常集中？通过这个游戏，大家感受到了什么？

指令

📄 **游戏目标：** 锻炼快速反应能力，培养注意力，学会想出策略，进行物种认知

📦 **材　　料：** 无

👣 **适合年龄段：** 3岁及以上

👥 **参与人数：** 3人及以上

游戏说明： 大家围成一圈，手拉手一起唱歌、做动作、转圈。当领队或老师说出一个动物名称时，所有的人做拍手动作。当领队说出一个植物名称时，所有人做蹲下动作。当领队说"木头人"时，所有人立即静止，直到领队说出下一个名称，继续游戏。这个游戏也可以只使用一种物种，如昆虫。当领队说出某一种昆虫名称时，所有人做拍手动作；当说出的不是昆虫的名称时，所有人静止；当说"炸弹"时，大家四散跑开，然后再聚拢起来继续。游戏也可以提高难度，大家手拉手唱歌、转圈，当领队说出生活在陆地上的昆虫名称时，大家做爬行动作；说出水中的昆虫名称时，大家做游泳动作；说出天空中的昆虫名称时，大家做飞行的动作；说出昆虫的天敌名称如青蛙时，大家四散跑开；说出的名称不是昆虫时，大家静止等。可以由不同的人来说出名称。这个游戏可以作为物种的认知游戏。

提问

怎样能听到指令时进行快速的反应？通过这个游戏你认识了几种动物（或植物、昆虫等）？

乌鸦喝水

📄 **游戏目标：** 学会合作，锻炼体能，学会想出策略，提升动作速度，培养注意力

📦 **材　　料：** 小水桶，水，自然物

🔼 **适合年龄段：** 3岁及以上

👥 **参与人数：** 6人及以上

游戏说明： 分组，每组分发一个装满半桶水的水桶。各组分别排成一列，每组第一个人站在同一条线上，把水桶放到另一端离每组有一定距离的位置。通过给大家讲乌鸦喝水的故事引出任务：每组要把自己的水桶装上小石头，让水位高起来——每组从第一个人开始，听指令向前跑（或跳、爬、倒走、单腿走等），向桶里装一块小石头（可以在路上捡一块石头或在旁边准备好）后跑回来，依次类推。几轮后，看哪组水桶里的水位最高。

乌鸦喝水的故事

一只乌鸦口渴了，它在低空盘旋着找水喝。找了很久，它才发现不远处有一个水瓶，便高兴地飞了过去，稳稳地停在水瓶口，准备痛快地喝水了。

可是，水瓶里水太少了，瓶口又小，瓶颈又长，乌鸦的嘴无论如何也够不着水。乌鸦想，把水瓶撞倒，就可以喝到水了。于是，它从高空往下冲，猛烈撞击水瓶。

可是水瓶太重了，乌鸦用尽全身的力气，水瓶仍然纹丝不动。乌鸦一气之下，从不远处叼来一块石子，朝着水瓶砸下去。它本想把水瓶砸坏之后饮水，没想到石子不偏不倚，"扑通"一声正好落进了水瓶里。

细心的乌鸦发现，石子沉入瓶底，里面的水好像比原来高了一些。乌鸦非常高兴，它叼来许多石子，把它们一块一块地投到水瓶里。随着石子的增多，水瓶里的水也一点儿一点儿地慢慢向上升……

终于，水瓶里的水快升到瓶口了，而乌鸦总算可以喝到水了。

提问

乌鸦是怎么喝到水的？为何在桶里装上石子后水位会变高？大家怎么做能最快地到达水桶旁？通过这个游戏，大家能学到什么？做这个游戏大家的感觉是什么？

圈中取水瓶

📄 **游戏目标：** 学会合作，培养信任，培养勇敢，培养平衡力，学会想出策略

📦 **材　　料：** 3~4个装满水的水瓶，6~8米长的绳子

🔼 **适合年龄段：** 4岁及以上

👥 **参与人数：** 3人及以上

游戏说明： 用绳子在地上围成一个圆圈，直径大概3米，把3或4瓶装满水、没有盖的矿泉水瓶放到中间。每组站在圈外，团队成员合作把水瓶取出来。取水瓶的时候脚不能站到圈里，身体也不能碰到地面，水不能洒出来。每组的组员轮流体验，直到大家不想再尝试了，游戏结束。该游戏也可以用其他的方式取水瓶，比如，每组用一根绳子把水取出来。或者绳子围的圆圈的不同方向上各站一个人，大家一起想办法，并合作用绳子或木棍把水瓶取出。大家可以先讨论和做实验，再一起完成游戏。这个游戏会用到很多策略，游戏结束后让大家分享一下感悟。

提问

在取水瓶的时候会用到什么策略？怎样才能成功取到水瓶？在这个活动中团队需要怎么配合？从这个游戏中大家能学到什么？

传木头接力

📄 **游戏目标：** 学会合作，学会想出策略，

锻炼体能

📦 **材 料：** 木头或其他自然物

📊 **适合年龄段：** 4岁及以上

👥 **参与人数：** 12人及以上

游戏说明： 分组，6~8人一组。每组所有人站成一行（两人之前要有一段距离），从第一个人开始，把木头放到双腿间传递（不能用手）。木头如果掉到地上，要捡起来重新传递。木头从第一个人传到第二个人的时候，第二个人也不能用手拿，要用双腿去接住木头。每组站在同一个起点线上，在规定的时间内，看看哪组先把木头传到指定的终点线。可以每组传递完一根木头，继续传递下一根，看哪组在规定的时间内传递的木头更多。也可以用捡的木棍、树枝等代替准备好的木头，用不同的方式进行传递。还可以给出限定条件，每组想出自己的方法进行传递，测试怎么传最快、最有效率。

提问 在传递过程中要注意什么？你觉得怎样才能传得最快？做这个游戏，大家的感觉是什么？

合作运球

📄 **游戏目标：** 学习团队合作，想出策略，锻炼耐力

📦 **材　料：** 小球若干，PVC管若干（大管切开）

🔼 **适合年龄段：** 5岁及以上

👥 **参与人数：** 12人及以上

游戏说明： 分组，每组6~8个人。每组面前有一盆小球，每人发一段PVC管。每组需要在规定的时间内以最快的速度把盆里的小球从一边运输到另一边，且不能用手碰到球，只能通过把小球放入PVC管里来运输小球。如果小球掉落到地上，可以捡起来继续运输。做这个游戏也可以提高难度，比如从双腿下传和接球，前面的人传完可以跑到后面。大家要想办法，看怎么完成任务。

提问

在游戏中，大家要怎么合作才能顺利把小球运到另一边？如果团队中有一个人失误了，要怎么做？如果不通过PVC管，还可以怎样不用手碰到小球来运输？

团队口号

📄 **游戏目标：** 学习团队合作，激发创意，进行社会交往，进行艺术表演，锻炼口头表达

📦 **材 料：** 无

📶 **适合年龄段：** 5岁及以上

👥 **参与人数：** 5人及以上

游 戏 说 明： 分组，每组5~8人。每组设计一个自己的团队口号，可以用声音、动作演绎。每组都设计好后，分别给其他的组展示自己的团队口号，并说说本组团队口号的创意过程和理念。这个活动可以作为童话探险活动的一部分，设计出来的口号也可以作为完成任务游戏团队庆祝的口号。

提问

为何要有团队口号？一般在什么情况下会用到口号？大家在一起设计出自己的团队口号时感觉如何？

运输松果

📄 **游戏目标：** 学习合作，想出策略，培养快速反应能力，培养注意力

📦 **材　料：** 自然物（松果、石头或木棍等）

🔼 **适合年龄段：** 5岁及以上

👥 **参与人数：** 10人及以上

游戏说明： 将成员分成2组，其中一组需要把一堆松果（可以是大家捡来的松果或其他自然物，放到一起）运输到另一端。游戏开始时，该组成员站成一队，离松果最近的一个人拿起松果传递给第二个人（可以直接递给第二个人，也可以用手背传递或胳膊传递等不同方式），第二个人再传递给第三个人，直到把松果传递给最后一个人，放到另一端，每次只能运送一个松果。在这个过程中，另一组成员试图从拿着松果的人手中抢到松果，若抢到松果，运输组需另取松果从头开始运输。游戏过程中双方要制定策略，不让松果掉到地上，也不能让对方抢走。一段时间后，或者运输完几个松果后两组人互换角色。如果是给每组规定时间去运输，也可以比较出哪一组在规定的时间内运输的松果更多。

提问

这个游戏中两组分别有什么样的感想？怎样才能不让松果掉到地上？怎样才能不让松果被抢走？大家怎么合作才能顺利把松果运送到另一端？抢松果的一组怎么才能抢到松果？

这个游戏也可以采用以下方式进行：设置风暴要来了，小松鼠们要把松果移动到安全的区域的游戏背景故事。分组，每组捡同样多的松果堆成堆儿。"开始"指令后，各组的人要一起把该组松果移动到另一边的"安全区"。可以规定各组以不同的方式进行传递，比如只用手掌，只用手背，或者只能用脚传递等。每次只能移动一个松果，规定时间内看哪组移动的松果最多。这个游戏的背景故事主角也可以换成其他动物，移动其他的食物。还可以提高难度：在移动松果的过程中，松鼠的天敌松貂来抓松鼠，如果某组的一只"松鼠"被抓到，这组就少一个人移动松果，而被抓到的人可以变成松鼠的天敌，继续去抓其他的人。

提问　松鼠怎么吃松果？在秋天，松鼠会把松果储藏起来过冬吗？松鼠一天要吃多少松果？通过这个游戏，大家有什么感受？

举起我

📄 **游戏目标：** 学会合作，学会信任，培养勇敢

📦 **材　　料：** 无

⬆️ **适合年龄段：** 6岁及以上

👥 **参与人数：** 6人及以上

游戏说明： 分组，每组6~8人。每组人合作，一起将其中的一位组员举过头顶，在空中停留15秒钟，然后轻轻放下来，换另一个人，直到组员都体验一遍被举起时游戏结束。游戏过程中要注意安全。游戏结束后，大家分享一下感受。

提问

被举起的人感觉如何？在被举起之前和之后感觉有什么不一样？举人的人感觉如何？大家需要怎样合作才能完成任务？

注意力

Zhuyili

叁

注意力
游戏

ZHUYILI YOUXI

美国心理治疗学家威廉·格拉瑟（William Glasser）的研究发现，我们能记住：

| 所读内容的 10% | 所听内容的 20% | 所见内容的 30% | 视听的内容的 50% |

| 经过讨论的内容的 70% | 切身经历过的 80% | 教给别人的 95% |

孩子在自然中观察探索时，需要集中注意力，所以通过热身活动释放孩子们的能量后，注意力游戏是非常好的衔接——这样孩子们会既有探索的热情，又能把注意力集中起来，就能更好地参与后面的活动了。当然，注意力游戏和热身游戏可以是一个游戏，也可以是分开的两个游戏，具体设置看课程的需要和安排。如果注意力的游戏能和主题结合起来，效果会更好。

3~6岁幼儿的注意力是有限的，一般只有几分钟时间，几分钟后就需要变换不同的活动。若想让孩子注意力更集中，让他们走神时把注意力再拉回来，注意力训练游戏是非常不错的选择。这里，我们选择了一些儿童自然教育活动和培训中常用的游戏，孩子和老师们很喜欢这些游戏，而且百玩不厌。

手指逃脱

📄 **游戏目标**：培养注意力，训练快速反应能力

📦 **材　　料**：无

📶 **适合年龄段**：3岁及以上

👥 **参与人数**：3人及以上

游戏说明：大家围成一个圈。当领队说"1"时，每个人伸出左手，手心向上。当领队说"2"时，每个人把右手的食指朝下放到右侧伙伴的左手手心上。当领队说"3"时，大家迅速让自己的食指"逃离"，并用左手去抓另一个人的食指。既让自己的食指逃脱，又能抓到别人的食指的人获胜。这个游戏可以先练习几次，然后正式开始，可以多做几遍。这是很好的一个注意力训练的游戏，而且还可以用于一些讲座过程中的气氛调节，大家既能玩得开心，又可以把注意力集中起来。

1   2   3

提问

怎样才能快速地抓住他人的手指，又让自己的手指逃脱？玩这个游戏的时候，如果注意力不集中会怎么样？

昆虫蹲

📄 **游戏目标：** 培养注意力，进行昆虫认知，训练快速反应能力

📦 **材　　料：** 无

👣 **适合年龄段：** 3岁及以上

👥 **参与人数：** 3人及以上

游戏说明： 大家站成一圈。领队说出不同的昆虫名称，比如，说出会飞的昆虫名称时，大家要做蹲下的动作；说到水里的昆虫名称时，大家要做跳跃的动作；说到陆地上的昆虫名称时，大家要做拍手动作；说到不是昆虫的物种名称时，大家不动。例如，说"蜻蜓"，大家都要蹲下；说"水黾"，大家都要跳跃；说"蚂蚁"，大家都要拍手；说"松树"，大家都原地不动。可以换成其他的动作，物种也可以换成其他的物种。这个游戏可以配合不同主题的自然教育活动去设计。

这个游戏也可用经典"萝卜蹲"游戏的方式进行。把大家分成几组，每组代表不同的昆虫，或者大家围成一圈，每人发一张昆虫的图卡。首先指定一种昆虫，比如蚂蚁，那么拿有蚂蚁图卡的人要一起说："蚂蚁蹲，蚂蚁蹲，蚂蚁蹲完蜻蜓蹲。"并做蹲下的动作。接着，拿有蜻蜓图卡的人开始说话和做动作。依次类推。

提问　　通过这个游戏，大家能记住多少昆虫的名称？怎样才能更好地完成指令？

鲨鱼1

📄 **游戏目标：** 培养注意力，培养快速反应能力，锻炼体能

📦 **材　　料：** 无

👣 **适合年龄段：** 3岁及以上

👥 **参与人数：** 10人及以上

游戏说明： 大家围成一圈。选择一个人在中间扮演大鲨鱼。大鲨鱼会蹲在地上或趴在地上睡觉，围成一圈的人扮演小鱼，围着圈走动或跑。选择另一个人数数。当数到某个数字的时候（这个数字是什么可以由数数的人和扮鲨鱼的人共同决定），大鲨鱼会醒来，去抓其他的人。其他人要尽量跑开，不被抓到，且在规定的区域内跑。被鲨鱼抓到的人也变成鲨鱼，一起去抓其他的人。直到只剩下几个人后，游戏结束。

提问

你觉得怎样才能不被大鲨鱼抓到？大鲨鱼怎样才能抓到小鱼？做这个游戏，大家有什么感受？

鲨鱼2

📄 **游戏目标**：培养注意力，训练快速反应能力，锻炼体能，了解相关的鱼类

📦 **材　　料**：小旗（或绳子）

📊 **适合年龄段**：3岁及以上

👥 **参与人数**：10人及以上

游戏说明：设置一个活动区域，如一个很大的方形区域。每个角放一个小旗子或用绳子围成一个圈儿。把孩子分成4组，每组代表一种鱼类，生活在其中一个角落里，如4组分别是：鲤鱼、鳕鱼、鲭鱼、草鱼（可以给孩子们讲一下这些鱼的生活习性）。老师扮演鲨鱼，站在方形区域的中间。当鲨鱼喊含有某一种鱼或几种鱼名称的句子时，如"所有的鲭鱼出来游泳了"或"所有的鱼都出来游泳了"时，则被喊到的鱼或者所有的鱼都出来围着鲨鱼做游泳动作。当鲨鱼发出攻击信号时，如鲨鱼说"我饿了！"或张开双臂时，所有的鱼都以最快速度跑回家，不要被鲨鱼抓到。在跑回家前被抓到的孩子将会变成鲨鱼，在下一轮游戏中去帮助抓其他的孩子。当所有的人都变成鲨鱼后，游戏结束。

提问

你认识了几种鱼类？怎样才能不被鲨鱼抓到？鲨鱼怎样才能更准确快速地抓到出来游泳的鱼？大家知道海洋里的鱼类是怎样生活和躲避天敌的吗？

流水

📄 **游戏目标：** 培养注意力，训练快速反应能力，锻炼观察能力，了解水闸的作用和工作原理

📦 **材　　料：** 无

🔼 **适合年龄段：** 3岁及以上

👥 **参与人数：** 8人及以上

游戏说明： 分2组，一组人当水闸，一组人当流动的水。给大家讲一讲水闸的作用和工作原理。水闸组是2个人一小组手拉手站成两列；流动水组3人一组，后一人双手搭在前面人的肩膀上排成一排。流动水组数至少是水闸组的2倍。当水闸组的人拉着的手举过头顶时，说明水闸已经打开，水可以流过去，流动水组的人要快速从下面走过去。如果水闸组的人手臂放下来，就会把水挡在外面，水就无法流过水闸了。水闸组的人可以提前讨论好数到哪个数字时水闸放下来，在游戏中用数数的方式放下水闸。被挡住的人可以数1~10个数字再回归游戏。玩一段时间可以交换，大家都体验一下水和水闸。在规定的时间内，看看哪组流动的次数最多。

水闸

在水利工程中，水闸作为挡水、泄水或取水的建筑物，应用广泛，多建于河道、渠系、水库、湖泊及滨海地区。关闭闸门，可以拦洪、挡潮或蓄水抬高上游水位以满足上游取水或通航的需要。开启闸门，可以泄洪、排涝、冲沙、取水或根据下游用水的需要调节流量。

提问　大家知道水闸是用来做什么的吗？水闸是怎么工作的呢？在这个游戏中，水闸组的人要怎么做才能挡住更多的水？流动水组的人怎么能快速地通过水闸而不被挡住？

大树与松鼠

📄 **游戏目标：** 培养注意力，训练快

速反应能力，增强记忆力

📦 **材　　料：** 无

🏃 **适合年龄段：** 3岁及以上

👥 **参与人数：** 10人及以上

游戏说明： 分组，3人一组，每组中两人手拉手举过头顶扮演大树，另一个人蹲在两人中间扮演松鼠。所有的组围成一圈，中间是发令者。当发令者说"伐木工人来了"，扮演大树的两个人必须移动位置，找到各自新的伙伴组成一棵新树；松鼠不动，发令者要去抢大树的位置。当发令者说"猎人来了"，所有的松鼠要跑来换位置；发令者去抢松鼠的位置。发令者说"着火了（或地震了）"，大树和松鼠都要跑，可以互换角色（比如大树当松鼠，松鼠当大树），发令者去抢大树或松鼠的位置。没有抢到位置的人成为新的发令者。做这个游戏也可以由易到难，首先只有松鼠换位置，当说到"小松鼠快快跑，准备开始"时，所有的小松鼠要换位置，不能再回到自己的位置，没有抢到位置的变成发令者。几轮后提高难度，大树、松鼠一起换位置，所有大树和松鼠都要跑动起来，换到不同的位置。

提问

松鼠生活在哪里？松鼠怎样能快速找到自己的位置？做这个游戏大家有什么想法？

下 雨 了

📄 **游戏目标：** 培养注意力，训练快速反应能力，增强记忆力

📦 **材　料：** 无

⬆ **适合年龄段：** 3岁及以上

👥 **参与人数：** 5人及以上

游戏说明： 大家围成一圈，有一个人站在中间发出指令，其他人听到指令后要做相应的动作。例如，发令者说"下雨了"，大家拍手和跺脚；发令者说"天晴了"，大家将手臂举起，围成太阳的形状；发令者说"打雷了"，大家从左到右依次拍手；发令者说"刮风了"，大家从左到右依次摇摆手臂；发令者说"下雪了"，大家原地转一圈，作雪花状……连着做几次，可以变换速度。做这个游戏可以设置不同的动作，提前设计好天气现象对应的动作即可。游戏结束后，可以和大家一起讨论风、雨、雷、电、雪是怎么形成的，下雨或打雷时大家应该怎么做等。

提问

下雨时，小朋友要怎么做？打雷了要怎么做？大家知道雨是怎么形成的吗？这个游戏中，大家需要怎么做才能跟上节拍？

蜘蛛换网

📄 **游戏目标**：培养注意力，训练快速反应能力，

锻炼体能

📦 **材　　料**：无

📶 **适合年龄段**：3岁及以上

👥 **参与人数**：7人及以上

游戏说明：分组，每组3人，两人手拉手作为蜘蛛网，一人在中间作为蜘蛛，一个人在网外扮演蜘蛛的天敌青蛙。听到指令（如"小蜘蛛，换换网！"）后，每只蜘蛛要变换蜘蛛网，不能使用同一张蜘蛛网两次。在蜘蛛换网的时候，青蛙会去捉蜘蛛，如果蜘蛛被捉到，就会和青蛙互换角色。蜘蛛网开始时可以不动，后面提高难度时可以移动。作为蜘蛛网的两个人也可以和其他人互换位置，重新组成蜘蛛网。游戏时发指令的人还可以去和大家抢位置，最后，没有抢到位置的人变成发指令的人，游戏继续。

提问　　怎样才能快速准确地找到位置？蜘蛛的天敌都有谁？做这个游戏，你的感受是什么？

图形变变变

📄 **游戏目标：** 想出策略，激发创意，培养注意力，学会合作，认识形状

📦 **材　　料：** 6~8米长的绳子若干条

📑 **适合年龄段：** 3岁及以上

👥 **参与人数：** 6人及以上

游戏说明： 分组，给每组一条绳子。每组需要用绳子围成形状，然后进行变换，如可以用绳子围成三角形、正方形、长方形、心形、星形等。也可以不分组，大家站成一个圈，使用一条长绳子。每个人的双手抓住绳子，大家听指令一起变换不同的形状。还有一种方式是不用绳子，大家围成一圈，用身体组成不同的图形。这个游戏开始前，可以让大家来说一下都有哪些形状，在自然界中经常可以看到哪些形状，这些形状的特征是什么。

提问

怎么能更快地围成一个三角形呢？如果没有绳子，大家要怎样组成不同的图形？哪些图形是最难围成的呢？

渔网

📄 **游戏目标：** 学习合作，培养注意力，训练快速反应能力

📦 **材　料：** 无

🔼 **适合年龄段：** 3岁及以上

👥 **参与人数：** 9人及以上

游戏说明： 分2组，一组作为渔网，另一组作为小鱼。小鱼组的人数应是渔网组的人数的2倍及以上。小鱼组的人模仿小鱼成群地游来游去，可以做游泳和吐泡泡的动作。渔网组的人讨论并选择一个数字，这个数字不要告诉小鱼组的人。渔网组的人站成一个圆圈，手拉手并举过头顶，让小鱼可以游进去并游出来。渔网组的人一起大声数数，当数到他们选择的数字时，大家一起放下手臂，把在圆圈中间的小鱼圈起来，这些鱼就不能游出去了。被圈起来的鱼变成渔网的一部分，游戏继续，直到最后只剩下一条鱼时游戏结束。也可以是被圈起来的人任意选择一个渔网组的人互换角色，这样大家都能体验当小鱼和渔网。这个游戏也可以在滑冰或滑雪的时候进行。

提问

作为小鱼，怎么能快速地从渔网钻出去？作为渔网，怎么能更多地圈起小鱼？如果人们捕的鱼越来越多，小鱼越来越少，会发生什么？

开火车

📄 **游戏目标：** 学会合作，锻炼体能，想出策略，训练

快速反应能力，培养注意力

📦 **材　　料：** 无

🏃 **适合年龄段：** 3岁及以上

👥 **参与人数：** 11人及以上

游戏说明： 一个人扮演小猴子，一个人扮演动物园的动物管理员，其他人分组，每组3人，扮演火车。扮演火车的3个人中，一个人当车头，后面的人把手搭在前面的人的肩膀上或手搂住前面的人的腰。所有的火车都要一直移动，不能停止。小猴子要跑到火车上去躲避动物管理员的追赶。当小猴子跑到某一组后面，把手搭在前面的人的肩膀上时，这一组的第一个人变成小猴子继续游戏。被抓到的人和动物管理员互换角色，继续游戏。

提问　　　作为动物管理员，怎么更容易抓到猴子？作为小猴子，怎样能更好地逃脱？作为火车的人有什么感想？

小猫钓鱼

📄 **游戏目标：**培养注意力，训练反应能力，想出策略

📦 **材　　料：**玩具鱼或鱼的图卡，绳子，自然物

🚹 **适合年龄段：**3岁及以上

👥 **参与人数：**3人及以上

游戏说明：大家都要扮成小猫。分组，给大家5分钟，每组捡不同的自然物，比如果实、木棍、松果等。把一个玩具鱼或一张图卡放到中间，用短绳子在物品外圈围一个小圈，再用长一些的绳子在小圈外面围成一个大一点的圈，大圈要离小圈大概3米左右（可以根据孩子的年龄大小调整距离，比如2~5米）。然后，每组往小圈里扔自然物，看看哪组砸中小鱼的次数最多，说明哪组钓到的鱼最多，可以有人统计。做这个游戏可以改变扔的方式，比如往后扔、扔过头顶、从双腿间扔等。

这个游戏玩的时候要注意安全，告诉大家不要对着人扔，捡来的自然物要是比较软的，不要捡石头、硬的坚果等。每组扔自然物的时候，其他的人要都站在同一边，避免被自然物砸到。

提问

小猫怎样才能钓到更多的鱼呢？游戏活动中要注意什么？每组各成员应该怎么配合？

垃圾分类

📄 **游戏目标：** 了解垃圾分类的重要性，学习如何分类，培养注意力，训练快速反应能力，锻炼体能

📦 **材　　料：** 垃圾分类图标，衣夹

👣 **适合年龄段：** 3岁及以上

👥 **参与人数：** 15人及以上

提问

你知道垃圾怎么分类吗？在生活中，你是怎么进行垃圾分类的？你觉得进行垃圾分类的好处是什么？通过做这个游戏，你有什么感想？如果垃圾越来越多，会发生什么？

游戏说明： 大家站成一圈，首先给大家讲解垃圾分类的知识，然后选择4个人扮演垃圾筒（4个垃圾筒分别是厨余垃圾垃圾筒、可回收物垃圾筒、有害垃圾垃圾筒和其他垃圾垃圾筒），其他的人扮演不同种类的垃圾。给大家每人发一个图标，用衣夹夹在胳膊上。不同的垃圾有旧报纸、旧图书、玻璃瓶、废弃衣服、废纸箱、废玻璃、菜叶、瓜皮果核、鸡骨鱼刺、残枝落叶、过期食物、废电池、废灯管、过期药品、一次性餐盒、纸巾、塑料袋、花盆、灰土等。每个人扮演一种垃圾。4个垃圾筒"站"在圆圈中间，其他人在圆圈上走动。当垃圾筒说"我要收垃圾了"时，所有人要停下来。这时，4个垃圾筒要快速地找到属于自己的垃圾，找到后扮演垃圾的这个人站在垃圾筒的身后，把手搭在垃圾筒的肩上或搂住他的腰。垃圾筒成功收到垃圾后，其余垃圾继续走动，听到下一次收垃圾指令后再次停下。当所有的垃圾都被收到垃圾筒里时游戏结束。当垃圾筒收错垃圾时，扮演垃圾筒与垃圾的人互换角色。这个游戏也可以是所有的垃圾在一个区域里四处走动，在规定的时间内看哪个垃圾筒收的垃圾最多。收垃圾的时候，垃圾也可以跑掉，不让收走。

北京市社区生活垃圾分类投放指引

1.厨余垃圾

家庭中产生的易腐性生活垃圾，主要包括菜帮菜叶、瓜果皮壳、鱼骨鱼刺、剩菜剩饭、茶叶渣、残枝落叶、调料、过期食品。

投放要求： 厨余垃圾应从产生时就与其他品类垃圾分开，投放前沥干水分；保证厨余垃圾分出质量，做到"无玻璃陶瓷、无金属、无塑料橡胶"等其他杂物；有包装物的过期食品应将包装物去除后分类投放，包装物请投放到对应的可回收物或者其他垃圾收集容器。

2.可回收物

适宜回收和资源利用的物品，主要包括废玻璃、废金属、废塑料、废旧织物、废纸张、废书籍、废纸板箱、废弃电器电子产品。

投放要求：轻投轻放；清洁干燥，避免污染；废纸尽量平整；有尖锐边角的应包裹后投放；立体包装物请清空内容物，清洁后压扁投放。

3.有害垃圾

对人体健康或自然环境可能造成直接或潜在危害的生活垃圾，主要包括充电电池、温度计、血压计、消毒液、废含汞荧光灯管、杀虫剂及其包装物、过期药品及其包装物、废油漆和溶剂及其包装物。

投放要求：应保证器物完整，避免二次污染；如有残留请密闭后投放；投放时请注意轻放；易破损的请连带包装或包裹后投放；如易挥发，请密封后投放。

4.其他垃圾

不能归类于以上三类的生活垃圾，主要包括卫生纸、饮料杯、塑料袋、纸尿裤、污染纸张、餐盒、大棒骨、陶瓷碎片。

投放要求：沥干水分后投放。

（文件源自北京市人民政府门户网站，网址 https://www.beijing.gov.cn/ywdt/zwzt/ljflwmyql/tfzy/202005/t20200507_1891450.html）

小精灵到我这里来

📄 **游戏目标：** 认识虫子的名称和了解虫子习性，培养注意力，训练快速反应能力

📦 **材　料：** 无

👥 **适合年龄段：** 3岁及以上

👥 **参与人数：** 5人及以上

提问

孩子们记住了几种虫子的名称？它们的走路方式是怎么样的？什么样的虫子可以飞？哪些是生活在水里的？虫子怎样才能不被大鸟吃掉呢？

游戏说明： 在一个四方区域里，一个人扮演大鸟站在中间，其他人站在区域的另一边。大鸟说："小精灵到我这里来。"其他人一起问："怎么去？"大鸟说出以一种虫子的走路方式走过来，具体参考见下文。如果有人没有做好动作，就会被大鸟吃掉，与大鸟互换位置继续游戏（可以开始不让大鸟加入，之后加入大鸟，发令的速度也可以时快时慢）。

做此游戏也可以进行变化，如像昆虫一样走过来时，三个人扮演成昆虫的样子，最前面一个人把两只手摆成触角状放到头顶上，代表昆虫的两个触角，另两个人把双手搭在前面一个人肩膀上，代表昆虫身体的三部分和六条腿，要一起走动；像蜘蛛一样爬过来时，蜘蛛需要4个人扮演，一个人充当头部，两只手圈成圆圈放到眼睛处，代表蜘蛛的两只大眼睛，其他三人把双手搭在前方人的肩膀上，一起移动；像千足虫一样爬过来时，6人一起。这个游戏也可以同时发出相关动物的声音。

让虫子过去的说法参考如下：	让体形较大的动物过去的说法参考如下：
像蜘蛛一样爬过来	像青蛙一样跳过来
像蜻蜓一样飞过来	像蛇一样爬过来
像蝗虫一样跳过来	像袋鼠一样跳过来
像毛毛虫一样爬过来	像狗熊一样走过来
像蜜蜂一样飞过来	像老虎一样跑过来
像蜈蚣一样爬过来	像猴子一样跳过来
像水黾（mǐn）一样划过来	像鱼一样游过来
	像乌鸦一样飞过来
像蚊子一样飞过来	像大象一样走过来
像蚯蚓一样爬过来	像鸭子一样游过来
像跳蛛一样跳过来	像布谷鸟一样飞过来
像孑孓（jié jué）一样游过来	像兔子一样跳过来
	像鳄鱼一样爬过来
像潮虫一样爬过来	
像瓢虫一样飞过来	

自然物大风吹

📄 **游戏目标：** 培养注意力，锻炼观察能力，训练快速反应能力

📦 **材　　料：** 自然物

🏃 **适合年龄段：** 4岁及以上

👥 **参与人数：** 10人及以上

提问

怎样能快速地找到位置？怎么确定说的是自己手中的自然物？通过这个游戏，你能收获什么？

游戏说明： 每人捡一种自然物，集合后站成一圈。老师（或领队）站在中间说："大风吹。"大家问："吹什么？"老师说出一种自然物的特征或自然物的名称，比如"绿色的自然物""树叶""光滑的物品"等。所有拿有具有被说到的特征的自然物的人互换位置，没有被吹到的留在原地不动。中间的人（老师或领队）会一起参与抢占位置，没有抢到位置的人变成中间的人发指令，继续说"大风吹"，进行游戏。当中间的人说"吹所有自然物"时，所有的人都要互换位置。如果要提高难度，也可以说出自然物的几个特征，比如"绿色的""柔软的""圆形的"等。做这个游戏也可以用说出参与者自身的特征代替，比如"吹穿黄色衣服的人""吹戴眼镜的人"等，接着具有这样特征的人互换位置；如果说"吹所有的人"时，所有的人互换位置。

这个游戏内容也可以是图卡物种认知，比如，给每人发一张动物的图卡，说出某一种动物或某一类动物特征时，所有拿着这种或这类的动物图卡的人互换位置。例如，说出"哺乳动物"时，所有拿有哺乳动物图卡的人互换位置。可以用不同的物种图卡，如植物、昆虫、树木、水果、蔬菜等。游戏结束，后大家可以一起讨论，如哺乳动物具备哪些特征，自己认识的哺乳动物有哪些；昆虫有什么特征，常见的昆虫有哪些，生活在什么地方等。

蚂蚁搬运

📄 **游戏目标：** 体验蚂蚁的互助合作，培养合作意识，锻炼专注力和体能

📦 **材 料：** 木棍若干

📶 **适合年龄段：** 4岁及以上

👥 **参与人数：** 4人及以上

游戏说明： 分组，2人一组。两人需要合作，从一个地点把木棍搬运到另一个指定的地点。具体操作时，需要每人用一个手指肚支撑木棍，保持木棍不掉下来。如果木棍掉到地上，捡起来继续，看哪组率先到达，或在规定的时间内，看哪组搬运的木棍最多。做这个游戏也可以把木棍换成长一些的，几个人一组，大家用手指一起把木棍举过头顶进行搬运，体验多只蚂蚁合作搬运大物的场景。小一些的孩子如果用手指肚支撑木棍比较困难，可以两个人一起把木棍架在手指上进行搬动或以其他更容易些的方式搬运。

蚂蚁搬运食物

蚂蚁搬运食物有三种方式： 当食物为固体且体积较小时，蚂蚁会使用口器直接搬运食物；当食物体积较大，单只蚂蚁无法完成工作时，会由蚁群共同拖拽；当食物为液体时，蚂蚁会将其储存在体内运回巢中。

提问

蚂蚁是怎样搬运东西的？怎样才能更快地把木棍运送到另一处？蚂蚁一般会把什么东西搬运回巢内呢？

圆圈里有什么

📄 **游戏目标：** 认知自然物，练习语言表达，训练快速反应能力，锻炼观察能力，训练注意力

📦 **材　料：** 自然物

📶 **适合年龄段：** 4岁及以上

👥 **参与人数：** 10人及以上

提问

你能通过感觉和对物品的描述找到正确的物品吗？你可以描述一下你对手上物品的感觉吗？在这个游戏中，你需要怎么做才能快速拿到正确的物品？

游戏说明： 所有人站成一个圆圈，通过数"1、2、3、4、5、6……" 来分组——所有数"1"的一组，所有数"2"的一组，依此类推。分好组后，每组的人站在一起，所有人再次围成一圈。老师在圆圈中间放一些植物或其他自然物，并介绍它们的类别，让大家都知道自然物的名称。然后，大家一起重复一次。当老师说："树枝，数字5。"所有数到"5"的人要按顺时针方向在圆圈外围跑一圈然后回到自己的位置，并进入圈里取树枝，看谁先拿到树枝，先拿到的得1分。老师也可以说："看上去像蒲公英，数字3。"数到"3"的人拿到物品后如果描述一下，可以加2分。规则可以调整，比如说："摸上去滑滑的，硬的，感觉凉凉的。数字4、5。"数到这两个数字的人要跑一圈，然后去拿石头，看谁先拿到石头，等等。这个游戏也可以是对某一物种的认知游戏，如不同的树叶、不同的花朵、不同的果实等。

走路方式1

📄 **游戏目标：** 认知动物的走路方式，训练注意力，训练快速反应能力

📦 **材　　料：** 无

🔼 **适合年龄段：** 4岁及以上

👥 **参与人数：** 10人及以上

游戏说明： 可以分组，也可以所有的人在一起做游戏。在一个区域里，两个老师站在两边，中间距离大概30~50米。首先，所有人站在其中一边，另一边的老师说包含一种动物名称的句子，比如兔子，可以说："兔子兔子，到我这里来！"这一边的人一起学兔子走路跑到另一边，然后对面的老师说包含另一种动物名称的句子："狗熊狗熊，快到我这里来。"大家学着狗熊走路再跑回来。可以做很多次，老师也可以在这些人走路的中间就发话变换动物，以增强挑战性。

做这个游戏也可以分组。老师指定几种动物，每组练习这几种动物的走路方式。然后每组站在同一起点线。开始后，老师说出一种动物的走路方式，然后各组人要手拉手用这种动物的走路方式行走；老师再说另一种动物的走路方式，各组要换成另一种动物的走路方式。速度可以时快时慢，看看哪组先走到商定好的终点。

提问

你知道动物们都是怎样走路的吗？有哪些动物是用跳跃的方式走路？为什么动物的走路方式都不一样？

走路方式2

📄 **游戏目标：** 训练注意力，体验各种方式走路，训练快速反应能力，锻炼体能，学会合作

📦 **材　　料：** 无

📐 **适合年龄段：** 4岁及以上

👥 **参与人数：** 6人及以上

游戏说明： 分组，每组练习用几种不同的方式走路，如：双脚跳、单脚跳、青蛙跳、倒着走、爬行、摇摇晃晃地走等，然后，大家站在一条线后，等待指令。听到指令后，每组所有的人一起（或手拉手）以相同的走路方式行走，如发指令者说"双脚跳"，所有组都要用双脚跳的方式前行。在规定时间内，看哪组先到达终点。在走路的过程中，老师可以不时发出变换走路方式的指令，而且发指令的速度会时快时慢，所以大家都要集中注意力，并且保持一致。

提问

你会用多少种走路方式行走？在走路的过程中，如果有人没跟上其他的人，结果会怎么样？

动物扮演

📄 **游戏目标：** 了解动物的形态特征，训练注意力，培养表演能力，训练快速反应能力

📦 **材 料：** 无

📊 **适合年龄段：** 5岁及以上

👥 **参与人数：** 10人及以上

游戏说明： 分组，每组3人。每组成员在听到指令后迅速将身体摆成一种动物的造型，在规定的时间内，看哪组完成得最快，做得最像。也可以扮演植物，或表现一种现象等。做这个游戏也可以是一个人站在中间，其他人站成一圈。站在圆圈中间的人转几圈，然后随机指一个人，并说出一种哺乳动物的名称，站在这个人两边的人要和这个人一起扮演这个动物，如中间的人为身体，两边的为头和尾巴等。如果谁反应比较慢，就和圆圈中间的人互换，重新开始。每次玩这个游戏的时候，可以用不同的主题，比如哺乳动物、昆虫、鸟类、鱼类、植物等。

提问

一般哺乳动物身体包含哪些部分？动物们的身体结构一样吗？举例说一说，做这个游戏，大家的感受是什么？

1、2、3

📄 **游戏目标:** 培养注意力，培养记忆力，训练快速反应能力

📦 **材 料:** 无

📋 **适合年龄段:** 5岁及以上

👥 **参与人数:** 2人及以上

游戏说明: 两人一组，面对面站立。老师或领队说开始时，两人轮流说"1""2""3"，每人说一个数字。说几次后，把"1"换成做一个动作或发出声音，然后继续，如"呱呱（代表1）""2""3"。几次后，把"2"也换成做一个动作或发出声音，如"呱呱（1）"，做猴子跳（2），"3"；直到把1，2，3都换成动作或声音，如"呱呱（1）"，做猴子跳（2），把两手放头顶的同时学布谷鸟叫（3）。两人如此继续几次。玩这个游戏可以先做示范，练习几次后正式开始。这个游戏既训练注意力，又是很好的记忆力游戏。在游戏中，大家能放松下来，大胆地表现。

提问

怎么能更好地记住数字对应的动作或声音？如果再增加数字，你还能记得住吗？游戏中最重要的是什么？

老鹰与乌鸦

📄 **游戏目标：** 相关知识点学习，训练注意力，锻炼速度，训练反应能力

📦 **材　料：** 绳子或木棍

⬆️ **适合年龄段：** 5岁及以上

👥 **参与人数：** 10人及以上

可以说出的知识点参考：

*所有的树叶都会在秋天落下来。
*昆虫都有六条腿。
*彩虹有七种颜色。
*水在零度会结冰。
*蜻蜓的幼虫生活在水里。
*水有液态和固态两种状态。
*橘子放到水里会沉下去。
*牛是食草动物。
*青蛙是蚊子的天敌。
*所有的蜘蛛都会结网。
*分解者一般生活在地下。
*水果只有熟了的时候才是甜的。
*蚂蚁喜欢吃甜的东西。
*松鼠只吃松果。
*冬天，太阳离地球比夏天远。
*鸭子只生活在水里。

游戏说明： 所有人分成2队，一队扮演老鹰，一队扮演乌鸦，每队人数相同。两队面对面站立，中间画一条线作为楚河汉界，两队之间的距离至少1米，两队身后5米的地方用绳子或木棍围成圆圈，是各队的大本营。老师站在两队中间，说出有关植物的知识点（例如：植物生长需要太阳，所有植物都会开花，所有的昆虫都有六条腿等），大家自己判断对错。如果该知识点是对的，那么乌鸦转身往后跑，老鹰向前追，老鹰要争取在乌鸦跑回大本营之前追到它们；如果知识点是错误的，则反之，老鹰转身向后跑，乌鸦向前追。强调一定是老师说完，并做出可以开始的手势后，双方才能动。抓人结束后，老师公布答案。任何被抓的人，必须变成对方的队员。做此游戏也可以与某一个主题结合起来，比如与昆虫的主题结合起来，对大家说出关于昆虫的相关知识，如昆虫名称、其生活习性等。对于小一些的孩子，可以调整知识点的难度。

提问

在游戏中，你学到了哪些知识点？老鹰或乌鸦组的人怎样才不会被对方组的人抓到？

找目标

游戏目标： 训练注意力，训练快速反应能力，培养观察力

材　料： 无

适合年龄段： 5岁及以上

参与人数： 10人及以上

提问

你能一直跟随着自己的目标不走丢吗？你知道谁在跟着你吗？你是怎么知道谁是你的跟随者的？

游戏说明： 大家围成一圈，每个人先找一个自己的目标，然后跟随那个目标移动，目标去哪里，就跟到哪里，但目标并不知道谁是跟随者。一段时间后，老师指定一个人退出游戏，看看会发生什么；再过一段时间，再指定另一个人退出……几个人退出后，看看大家是否知道谁是自己的跟随者。玩这个游戏也可以每个人找到另两个人作为自己的目标，组成一个三角形，然后要总是保持着三角形的形状，直到有一个人退出，就要再找另一个人代替退出的那个人组成三角形。陆续有人退出，看看最后大家是否找到谁是跟随者。

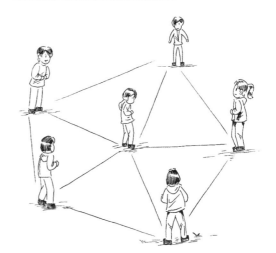

音乐拍击与颜色

游戏目标： 训练注意力，激发创意，学会合作，训练快速反应能力，锻炼观察能力

材　料： 颜色五线谱，不同长度和颜色的 PVC 管

适合年龄段： 5 岁及以上

参与人数： 12 人及以上

● 红色管子
● 蓝色管子
● 黄色管子
● 黑色管子
● 绿色管子
○ 白色管子

游戏说明： 大家站成一个圈。每个人随机抽选一根管子（也可以给每个人随机分发）。大家都选完后，老师拿出颜色五线谱，每次指到上面的一个颜色，拿着对应颜色的管子的人就要同时用手拍管子的一端，这样就会发出一种声音。大家要集中注意力，跟着老师的指令拍打不同颜色的管子，这样就会奏出动听的音乐。

这个游戏也可以分组进行，每组的人拿同种颜色的 PVC 管，老师在指向某个颜色的时候，这一组的人要一起拍打自己手中的 PVC 管。

颜色五线谱

六种颜色： 红、黄、蓝、绿、白、黑

PVC 管直径与长度

直径：20mm

红色管子长度：24.6cm

蓝色管子长度：22cm

黄色管子长度：19.6cm

黑色管子长度：18.6cm

绿色管子长度：16.5cm

白色管子长度：14.6cm

提问

颜色五线谱上用了多少种颜色？你抽取的是哪种颜色的管子？大家要怎么配合，才能演奏出动听的音乐？我们还可以用自然中的哪些自然物演奏音乐？

反动作

📄 **游戏目标：**训练注意力，锻炼记忆力，训练快速反应能力

📦 **材　　料：**无

🔼 **适合年龄段：**6岁及以上

👥 **参与人数：**3人及以上

游戏说明：大家围成一圈。听到指令后，要做与指令相对的动作，如听到"举起左臂"，大家要举起右臂；听到"向左转"，大家要向右转；听到"单腿跳"，大家要双腿跳；听到"起立"，大家要蹲下等。可以设置不同的指令，发出指令的速度也可以调整，可时快时慢，但一开始要先练习一下。

这个游戏还可以与自然现象结合起来，提高难度。例如，大家扮演一棵大树，围成一个圈，风从不同的方向吹过来。吹西风时，树枝要倒向东方；吹南风时，树枝要倒向北方等。风从上方吹过来，大家四散跑开。

提问

怎样才能做出正确的动作？什么样的动作是相对的动作？相对的动作还有哪些？

捡木棍

📄 **游戏目标：** 学会合作，学会信任，锻炼专注力

📦 **材　　料：** 不同颜色的木棍，眼罩（每两人一个）

👥 **适合年龄段：** 6岁及以上

👥 **参与人数：** 4人及以上

游戏说明： 2人一组。每组一个人戴眼罩，另一个人不戴眼罩，作为引导者。听到指令后，每组去指定的地点寻找到木棍带回来，放到固定的地方。在规定的时间内，每组要找回7种不同颜色的木棍，看看哪组能顺利完成任务。游戏过程中，两人可以互换角色。

提问

戴眼罩的人有什么感觉？不带眼罩的人有什么感觉？在这个游戏中大家怎样才能更好地完成任务？

指南针

游戏目标： 辨别方向，训练注意力，培养思维能力，培养空间感，学会合作

材　料： 一根30米长绳子

适合年龄段： 6岁及以上

参与人数： 10人及以上

游戏说明： 用30米长的绳子围成一个圆，代表指南针的罗盘。首先，所有人在罗盘里排成一个指针的形状，方向指着南方，游戏开始后，根据老师或指定一个人的指令，在圆里变换队形，如指向东方、指向北方、指向西南方等。大家要在听到指令后迅速改变方向，并在最短的时间内使指针的形状指向那个方向。当指令说指向四方时，所有人散开，绕着绳子围成一圈；当说指向某个方向时，所有的人迅速围成指南针的形状，继续游戏。

指南针

指南针是中国古代的四大发明之一，是古代劳动人民长期实践的结果。指南针在古代叫司南，主要组成部分是一根装在轴上的磁针，磁针在地球的磁场的作用下可以自由转动并保持在磁子午线的切线方向上。地球是一个大磁体，分为南极和北极。由于"同性相斥，异性相吸"的原理，磁针的南极指向地理南极（磁场北极），因此指南针会始终指向南方，利用这一原理可以辨别方向。

提问

指南针为何会一直指着南方？怎样才能很快地找到正确的方向？在野外还有哪些辨别方向的方法呢？

机器人

📄 **游戏目标：** 了解机器人编程方式，训练
注意力，锻炼记忆力，训练快速反应能力，
想出策略

📦 **材　料：** 无

🔼 **适合年龄段：** 6岁及以上

👥 **参与人数：** 3人及以上

游戏说明： 3人一组。每组2个人扮演机器人，1个人扮演遥控器。两个机器人从一个点向反方向出发，遥控器可以通过拍机器人的左、右肩膀和后背控制机器人左转、右转、向前等，或用自己创建的方式去控制机器人的运动，使两个机器人最后相遇，然后，变换角色继续，直到3个人都体验过扮演机器人和遥控器后，游戏结束。这个活动中，开始可以用讲故事的形式引入（由于科技的进步，人类进入机器人时代，但第一批机器人只能做一些简单的动作，如左转、右转、前行、后退等，人类要用遥控器控制它们去完成任务，所以遥控器上也只有这几个按键。）扮演机器人的人走路方式要像机器人一样。游戏开始前，三个人需要讨论好使用怎样的指令控制机器人的行动。

提问　　怎么能让两个机器人更容易相遇呢？你想象中的机器人是什么样的？你觉得机器人都能做什么呢？

夺宝

📄 **游戏目标：**学会团队合作，练习迅速反应，想出策略，训练注意力

📦 **材　　料：**纸团或豆子，百宝盒（自己制作）

📶 **适合年龄段：**6岁及以上

👥 **参与人数：**10人及以上

游戏说明：选择一片有树的区域，或者有一些障碍物也可以。将所有人分成2组，每组占一半区域。每组在自己区域的中间放置百宝盒。组员要看守着百宝盒（可以围成一个圈，百宝盒在中间），要离百宝盒一定距离。每人手上有3个球（纸团或豆子），可以通过投掷纸团（或豆子）的方式阻碍对方偷百宝盒。两组可以一组看守，一组去偷，然后轮换，也可以看守自己的百宝盒同时去偷对方组的百宝盒。每个人只能投掷3次，3次后不可以再捡起地上的球重新投掷，但可以去偷百宝盒。被纸团打中的人需要退回自己的组的区域，不能再去偷，或者围着树跑5圈再回归游戏。

注意，如果用纸团进行游戏，游戏结束后要把地上的纸团都捡走。

提问

怎样能既保护好自己的百宝盒，又偷到其他组的百宝盒？如何能更准确地用纸团击中对方？通过玩这个游戏，你有什么感想？

自然现象

Ziran Xianxiang

肆

自然现象游戏

ZIRAN XIANXIANG YOUXI

自然教育活动有很多的主题，自然教育也是包罗万象的。对于有一些主题，如果只是去讲或让孩子去观察，对孩子来说可能比较难以理解，比如植物的光合作用、动物的走路方式、昆虫的特征、植物的生长、天气现象等。如果采用游戏的形式，孩子既可以直接体验，又可以去触摸去感知，去想象、分享、总结、讨论、互相学习，就会理解得更深刻，也更能对复杂的事物用简单的方法去理解和记忆，并产生浓厚的兴趣！

通过游戏的方式体验，接着再去直接观察和探索，并进行知识的学习和累积，这样孩子们会对自然越来越感兴趣，能更好地参与主题活动，达到事半功倍的效果。

本章中讲解了57个自然现象游戏，对这些游戏又根据主题进行了分类，如虫子、植物、光和天气等。这些游戏可以直接用于相关主题的活动，也可以举一反三，稍做调整，作为其他主题的活动。每个游戏说明的后面都有相关知识点的介绍，大家还可以查阅更多资料，对相关知识进行更多了解。通过游戏说明，孩子们会更想去了解那些知识，了解更多的关于物种、自然现象等的问题。

在游戏活动中和后面的分享总结中，老师还可以了解孩子们的兴趣点，了解他们学到了哪些新的知识，孩子们喜欢用什么样的方式去学习等，为老师后面设计课程活动提供更多的思路。

一、虫子

昆虫变变变

游戏说明： 分组，3个人一组。先进行演示，并说明昆虫的身体的构成。昆虫的身体分为头、胸、腹三部分，三个人分别代表昆虫身体的三部分。所有的昆虫都有6条腿，三个人的腿代表6条腿；昆虫都有1对触角，第一个人把双手作触角状放到头顶上，后面两个人把双手搭在前面人肩膀上，或扶着前面人的腰。当听到指令时，所有的昆虫头部都要改变位置，如说出"昆虫变变变！"时，所有的头部跑到其他组最后面变成腹部，重新组合的第一个人扮头部。为了提高难度，发指令的人可以去和其他人抢位置，发指令也可以时快时慢以增加挑战性，对于昆虫的三部分都可以进行变换。游戏中还可以加入青蛙来抓昆虫等。

📄 **游戏目标：** 学习昆虫知识，训练注意力，训练快速反应能力，学会合作

📦 **材　　料：** 无

🔼 **适合年龄段：** 3岁及以上

👥 **参与人数：** 10人及以上

昆虫

无脊椎中的节肢动物门昆虫纲。昆虫占所有物种数量的50%以上，是地球上数量最多的动物群体，世界上已知的昆虫有100多万种。昆虫最早出现在泥盆纪，距今3.5亿年。昆虫的特征为：身体分为头、胸、腹3部分，6条腿，1对触角。昆虫的生活环境多种多样，它们生活在空气中、地表中、土壤中、水中，还有人和其他动物体内等。

昆虫与人类的关系

昆虫和人类有着密切的关系：有的昆虫能帮助人类防治害虫等有害生物；有的是"地球清洁工"（清理动物粪便、死尸）；有的能传授花粉，提高作物产量；有的能提供人类需要的资源；有的能供人娱乐、欣赏……各种昆虫的存在，增加了生物的多样性，维护了生态平衡。虽然还有一些昆虫会传播疾病，破坏植物，以及破坏其他的事物，但是无论昆虫是有害的还是有益的，既然存在，就有一定的道理。我们应该用辩证的思维看待昆虫，好好地保护昆虫，从而保护我们地球生物的多样性。

提问

昆虫的特征是什么？大家可以说出身边常见的一些昆虫的名称吗？昆虫都有几条腿？昆虫与人类有哪些关系？通过玩这个游戏，大家感受到什么？

蜘蛛与昆虫

📄 **游戏目标：** 了解昆虫的生活环境，了解蜘蛛是怎么捕食的，锻炼观察力，训练快速反应能力，学会合作

📦 **材　　料：** 各种颜色的不同长度的毛线段若干

👣 **适合年龄段：** 3岁及以上

👥 **参与人数：** 10人及以上

游戏说明： 首先给大家讲一下昆虫一般都生活在什么地方，怎样比较容易找到昆虫，以及蜘蛛与昆虫的关系等。分组，每组5~8人。把不同长度、不同颜色的毛线段放到一个区域内，可以放到草丛间、树枝上、石头缝隙里等不易找到的地方，代表不同的昆虫和其不同的生活环境。毛线段的多少根据人数确定，比如分3组，每组5人，那么可以准备30~50根毛线段。每组成员代表蜘蛛站成一队，站在开始线后。听到指令后，每组一次由一个人去找到并捡回一条毛线段，然后另一个人出发，一段时间后停止。每组要数一下自己组捡回的毛线段有多少根，然后按长短排序，并看

看长的毛线段有几根，短的毛线段有几根，还可以把毛线段进行分类，或者每组把本组所有的毛线段连接在一起，看看有多长，各组进行比较。不同长度的毛线段可代表不同大小的昆虫，看哪组找回的昆虫最多，是否能有足够的食物满足蜘蛛生存所需。这个游戏中还加入了数学的知识，比如数数、排序、认识长短和分类等。游戏结束后，要把剩余的毛线段都捡回来，不要留在自然环境中。

蜘蛛

蜘蛛虽与昆虫一样属于节肢动物门，但不是昆虫，其属于蜘蛛纲，有8条腿。一般的蜘蛛体长为1~90毫米，已知的有4万多种，而最大的捕鸟蛛体长可达300毫米以上。蜘蛛多以昆虫、其他蜘蛛、多足类为食，部分蜘蛛也会以小型动物为食。蜘蛛有游猎型和定居型两种。蜘蛛的寿命一般为8个月至2年，如水蛛和狡蛛能活18个月，穴居狼蛛能活2年。巨蟹蛛能活2年以上，而捕鸟蛛的寿命长达20~30年。雄性蛛是短命的，交尾后不久即死亡。

提问　　蜘蛛是昆虫吗？蜘蛛的食物是什么？蜘蛛是怎么捕食的？昆虫一般生活在什么地方？在哪里最容易找到昆虫？通过玩这个游戏，大家感受到什么？

蚜虫、蚂蚁、瓢虫

📄 **游戏目标：**体验蚜虫、蚂蚁和瓢虫的生活，理解它们的生态关系，训练注意力，学会合作，训练快速反应能力

📦 **材　料：**无

⬆️ **适合年龄段：**3岁及以上

👥 **参与人数：**10人及以上

提问

大家见过蚜虫吗？是不是在蚜虫的周围也会看到蚂蚁？你们觉得蚂蚁和蚜虫是什么关系？瓢虫和蚜虫是什么关系？蚂蚁为什么要保护蚜虫？

游戏说明：1人扮演瓢虫，3人扮演蚂蚁，其他人扮演蚜虫。三只蚂蚁把蚜虫围成一圈保护他们。所有的蚜虫只能在圈里走动，不能走到圈外去。三只蚂蚁会走来走去，以及时阻挡瓢虫的进攻。瓢虫要趁蚂蚁不注意时迅速捕捉蚜虫，被捉到（被碰到即可）的蚜虫变成瓢虫。当瓢虫被蚂蚁碰到，就要静止不动数到10，然后重新加入游戏。随着游戏的进行，瓢虫会越来越多，直到蚜虫所剩无几，游戏结束。

蚂蚁、蚜虫和瓢虫之间的关系

蚂蚁、蚜虫和瓢虫这三种昆虫之间有什么关系呢？

蚜虫又称腻虫、蜜虫，是一种捕食性昆虫。蚜虫能刺穿植物的表皮层，吸取养分。每隔一两分钟，这些蚜虫会翘起腹部，开始分泌含有糖分的蜜露。蜜露正是蚂蚁喜欢的。蚂蚁会靠近蚜虫，舔食蜜露。有些蚂蚁还会有放牧行为。秋天，蚂蚁还会收集蚜虫卵，藏在地下蚁穴中，使它们在冬天不会被冻死。春天一到，蚂蚁会取出蚜虫卵，送往适合蚜虫生长的地方。这些卵孵化后，新蚜虫就能从植物上吸取汁液，蚂蚁也能享用新鲜的蜜露了。两种不同生物间相互依赖，彼此有利，一方为另一方提供帮助，同时也从对方获利，这就是生物的共生关系；天敌关系是一种生物以捕食另一种生物为食，如昆虫的捕食者是其他昆虫或生物。蚂蚁和蚜虫形成了一种相互适应的共生关系，即蚜虫为蚂蚁提供食物，蚂蚁保护蚜虫，给蚜虫创造良好的取食环境。而有些瓢虫会捕食蚜虫，因此蚂蚁会保护蚜虫，将瓢虫咬死。

蚂蚁、蚜虫和瓢虫的关系其实很简单，蚂蚁喜欢蚜虫分泌的蜜露，作为回报，它们会保护蚜虫；而瓢虫喜欢吃蚜虫，所以蚂蚁会攻击瓢虫。蚂蚁、蚜虫和瓢虫之间是共生与天敌的关系。

蝴蝶的生命周期

📄 **游戏目标：** 了解蝴蝶的生命周期，了解蝴蝶从卵、幼虫、蛹到成虫四个阶段的形态和变化，训练注意力，学会合作，锻炼体能

📦 **材　　料：** 无

🔼 **适合年龄段：** 3岁及以上

👥 **参与人数：** 10人及以上

游戏说明： 游戏开始时所有人都是蝴蝶卵，也可以分2组，一组扮卵，一组扮蝴蝶。卵静止不动，数到10秒（1，2，3……10）变成毛毛虫。毛毛虫做爬动的动作，吃到10片叶子（捡到10片树叶）变成蛹。蛹又变成静止态，数到10秒，然后变成蝴蝶。蝴蝶双臂做展翅飞翔的动作。两只飞行的蝴蝶遇到一起，要通过"石头、剪刀、布"看能否配对成功。如果两个人出相同的手势，就代表配对成功。如果不成功，则继续寻找下一位进行"石头、剪刀、布"。配对成功的两只蝴蝶都会变成卵，静止不动，数到10秒，变成毛毛虫，依次完成一个循环。游戏将一直继续下去，直到所有人或大部分人都体验过这个循环过程后游戏结束。

蝴蝶的生命周期

蝴蝶是完全变态的昆虫，它的生命周期由卵、幼虫、蛹、成虫四个阶段组成，其生命周期最短为1个月左右，最长不超过一年。

卵：蝴蝶的卵一般为圆形或椭圆形；表面有蜡质壳，防止水分蒸发；一端有细孔，是精子进入的通路。不同品种的蝴蝶，其卵的大小差别很大。蝴蝶一般将卵产于幼虫喜食的植物叶面上，以此为幼虫准备好食物。

幼虫：幼虫孵化出后，主要活动就是进食，要吃掉大量植物叶子。幼虫的形态多样，多为肉虫，少数为毛虫。蝴蝶危害农业主要在幼虫阶段。随着幼虫生长，幼虫一般要经过几次蜕皮。

蛹：幼虫成熟后要变成蛹。幼虫一般在植物叶子背面隐蔽的地方用几条丝将自己固定住，之后直接化蛹，无茧。

成虫：蛹成熟后，从蛹中破壳钻出，但需要一定的时间使翅膀干燥变硬。这时的蝴蝶无法躲避天敌，处于危险期。翅膀舒展开后，蝴蝶就可以飞翔了。蝴蝶的前后翅不同步扇动，因此蝴蝶飞翔时波动很大，姿势优美。所谓"翩翩起舞"，来源于蝴蝶的飞翔。

蝴蝶成虫交配产卵后一般会在冬季到来之前死亡，但有的品种会迁徙到南方过冬。

提问 蝴蝶的一生经过几个阶段，都是什么阶段？毛毛虫的主要食物是什么？大家经常会在什么地方看到毛毛虫？蝴蝶以什么为食？它们是怎么传播花粉的？

蝴蝶与花儿

📄 **游戏目标:** 了解蝴蝶与花的关系,训练视觉,认识颜色与配对,锻炼体能

📦 **材　料:** 花朵与蝴蝶的图卡,细绳,衣夹

👔 **适合年龄段:** 3岁及以上

👥 **参与人数:** 3人及以上

提问

蝴蝶为什么喜欢停在花朵上?它们以什么为食?为什么蝴蝶是花粉的传播者?

游戏说明: 把若干不同颜色的花朵图卡放到一个选定好的区域里的不同位置,给每组发一张蝴蝶的图卡(或抽选一张),然后每组成员去找到所有与自己的蝴蝶图卡颜色相同的花朵图卡(花朵设计时可以是单色,也可以是复色)。看哪组在规定的时间内先找到所有的相同颜色花朵的图卡。小组成员搜寻回来后,把花朵与蝴蝶图卡用衣夹悬挂到拴好的细绳上,然后大家一起对照。跟大家讲蝴蝶吸食不同种类的花蜜的知识,蝴蝶也是花粉的很好的传播者。

玩这个游戏也可以是每组抽选一张蝴蝶图卡(蝴蝶图卡可以大一些,比如是A4纸大小)。然后,小组成员要去自然界中找到与图卡中蝴蝶身上颜色一样的花朵或自然物(虽然有一些花朵可以采摘,但需告知所有人尽量要捡地上的),摆放到白布上进行对照。

蝴蝶与花儿

花儿以各种芬芳气味、艳丽颜色吸引蝴蝶为其传播花粉,同时花儿为蝴蝶提供食物。

大部分蝴蝶吸食花蜜。对吸食花蜜的蝴蝶来说,它们不仅会吸花蜜,而且爱好吸食某些特定植物的花蜜,如蓝凤蝶嗜吸百合科植物的花蜜,菜粉蝶嗜吸十字花科植物的花蜜,而豹蛱蝶则嗜吸菊科植物的花蜜等。也有部分蝴蝶不吸食花蜜,如竹眼蝶吸食无花果汁液,淡紫蛱蝶吸食病栎、杨树的酸浆。还有一部分蝴蝶会吸食葡萄的肉。

蚯蚓爬

📄 **游戏目标：** 体验蚯蚓走路，学会合作，训练注意力，训练记忆力

📦 **材　料：** 无

📊 **适合年龄段：** 3岁及以上

👥 **参与人数：** 10人及以上

游戏说明： 分组，10人为一组。一个人站在前面，扮蚯蚓的头部，后面的人双手放到前面人的双肩上，组成一条蚯蚓。10个人代表10个体节，模仿蚯蚓爬行。开始时，第一个人（即蚯蚓的头部）不动，后面的人依次贴近前面的人。直到最后一个人贴完，第一个人开始向前走，后面的人跟上。直到大家距离和一开始一样，前面第一个人停止，后面的人依次贴近前面的人。如此循环，每组像蚯蚓一样向前爬行，或者向不同的方向拐弯等，后面的人要跟上前面人的步伐。为了提高难度，做这个游戏也可以在爬行过程中增加如上坡、拐弯、绕过障碍物等环节；还可以几组进行蚯蚓爬行比赛，看哪组在规定的时间内先到达终点。

蚯蚓的爬行方式

蚯蚓通过身体蠕动爬行。

蚯蚓属于环节动物门，这一门动物的主要特征是身体由许多节组成。蚯蚓除最前和最后端的几个节以外，其余各节生有刚毛，且其体壁肌肉发达，分为环肌和纵肌。蚯蚓就是依靠环肌和纵肌的交替舒缩以及其与体表刚毛的配合进行运动的。当蚯蚓前进时，身体后部的刚毛钉入土里，使后部不能移动。这时，环肌收缩，纵肌舒张，身体就向前伸长了。接着，蚯蚓身体前部的刚毛钉入土里，使前部不能移动。这时，纵肌收缩，环肌舒张，身体就向前缩短。就这样，蚯蚓一伸一缩向前移动。

蚯蚓爬游戏示意图

提问

你看到过蚯蚓爬行吗？它们是怎么爬行的呢？你了解蚯蚓吗？它们生活在哪里？为何说蚯蚓是土壤的好帮手？在这个游戏中，大家应该怎样配合才能更好地一起向前移动？

金龟子的"木马计"

📄 **游戏目标：**了解金龟子以及金龟子的繁衍方式，训练快速反应能力

📦 **材　　料：**松果或其他自然物

📶 **适合年龄段：**3岁及以上

👥 **参与人数：**10人及以上

游戏说明：第一阶段，红蚁搬粪球。大家围成一圈，中间放很多松果（也可以是树枝或者其他掉落的果实，可以让大家先去附近把它们捡过来，放在中间）。老师先介绍金龟子产卵的方式。松果代表金龟子产在粪便上的卵，大家扮红蚁。老师发出指令后，大家迅速开始捡地上的松果（捡一个，回到原地放到自己的前面后再去捡下一个），看谁在规定的时间内捡的最多。游戏也可以分组进行，每人每次捡一个松果，看哪组捡到的最多。第二阶段，大家捡完松果后，重新把松果放回圈中间，然后回到原来位置。大部分人扮孵化后的金龟子，两三个人扮红蚁。那些松果代表红蚁的幼虫或蚁卵。大家只能在规定的区域内跑动。金龟子要去吃红蚁的幼虫，但又不能被红蚁发现。如果被红蚁抓到，就变成红蚁继续游戏。看看谁在规定的时间内吃到的幼虫（即拿到的松果）最多。

金龟子的"木马计"

　　金龟子的种类很多。大部分金龟子的卵都是产在粪便上，这样幼虫孵化之后可以有现成的食物。有一种金龟子翅色橘红，背上有4个黑点，俗称四点金龟子。这种甲虫颇有独特之处。它的幼虫不生活在土中，而是从卵直到成虫都以粪便为家，而且专以红蚁的卵和幼虫为食。每到产卵季节，四点金龟子就开始寻找红蚁丘，并在其周围产卵。产卵前，金龟子先拉出一粒或几粒屎，然后用它们的后脚反复搓揉，直到成一个小环方才罢休。这时候，金龟子翘起屁股，对准小环的中心排出一粒黄色的小卵，接着再拉出几粒屎，将卵严严地封裹在粪团里，看上去恰似一粒植物的果实。如此这般，一直要进行几个星期，把成百上千的虫卵伪装起来。

　　过几小时，有时候要等上几天，粪团终于被出外觅食或寻找建筑材料的红蚁发现，于是被当作猎获物，被红蚁兴高采烈地拖回家去，存放到蚁穴最安全的地方，和蚁卵以及幼虫放到一起。这些红蚁们哪里知道，它们正中了金龟子巧布的"木马计"。

　　蚁穴里有着适宜的温度和湿度。金龟子的卵在这样的环境里孵化成幼虫以后，就在粪团的外

壳上咬出一个洞，伸出小小的脑袋。呵！多么丰盛的食物。红蚁卵堆积如山，红蚁的幼虫更加多汁而可口，而且都近在嘴边，俯首可得。它们迅速地叼起一只幼虫或蚁卵，又很快地缩回到粪团里去，再用自己的粪屎将洞口堵严，然后就放心地大吃大喝起来。为了适应躯体的长大，它们不断地将粪团掏空，以扩大自己的安乐窝。粗心的红蚁根本不会注意到这些细微的变化，它们要忙的事情还多着哩！有时候，当粪团洞口的蚁卵和幼虫被叼光以后，金龟子的幼虫也间或冒险探出前身到较远的地方取食，但绝不多作停留，更不敢将全身都露出洞外。它们知道，只要一旦被发现，就会立即丧命。

金龟子的幼虫在"高级营养品"的喂养之下，很快就结壳变成真正的金龟子了。不过，尽管金龟子有金甲在身，要想大摇大摆地活着出蚁穴，仍是妄想。它们还需要红蚁的再次帮助，才能获得自由。原来，红蚁都有"洁癖"——蚁巢底层的蚁穴常常因潮湿而发霉，这是它们最忌讳的。因此，每隔一定的时间，它们就要将上下层的土和其他建筑材料倒翻一下。这正是金龟子求之不得的事情。当红蚁们哼哼哈哈地再一次将粪团搬运到蚁巢的高处时，狡猾的四点金龟子便不再担心红蚁的致命威胁，毫不客气地破粪团而出，不辞而别了。

（选自《科学之友》 作者：薛志成）

提问

你知道金龟子吗？它是什么样的虫子？金龟子会把卵产到哪里？金龟子的幼虫靠什么生活？通过做这个游戏，大家学到了什么？

守株待兔（蜘蛛与昆虫）

📄 **游戏目标：**体验蜘蛛通过蛛网捕捉昆虫的过程，训练注意力，训练快速反应能力

📦 **材　料：**绳子

👟 **适合年龄段：**4岁及以上

👥 **参与人数：**10人及以上

游戏说明：分3组，一组扮演树叶，一组扮演蜜蜂，一组扮演飞虫。最后一个人扮演蜘蛛站在圈外或圈中间。扮演树叶的人走到圆圈里，每跳动3次就静止不动（走一段，跳动3次，静止一会儿，然后再继续）；扮演蜜蜂的人双手做展翅飞的动作，飞到圆圈里，然后在圆圈里快速地晃动胳膊；扮演飞虫的人走到圆圈里，慢慢地晃动胳膊。三组人走入圆圈时要分散站在圈里，或可以在圆圈里到处走动。蜘蛛只能抓飞虫组的人。飞虫如果被蜘蛛抓到，就变成蜘蛛，一起去抓其他的人。如果蜘蛛抓错，双方就互换角色。此游戏也可以扮演蜘蛛的人以外的其他的人全部扮演昆虫。大家在圈里来回走动，如果蜘蛛出现，要迅速静止不动或者快速晃动胳膊，以免被蜘蛛抓到。做这个游戏可以用有关蜘蛛的谜语在开始导入："小小诸葛亮，独坐中军帐。摆下八卦阵，专捉飞来将。"

蜘蛛结网捕食

蜘蛛结好网后，便潜伏在网的中央，"守株待兔"——等待飞虫自投罗网。如果是一片小叶片、一枝细细的枯梗落到蛛网上，蜘蛛一般只是颤动一下，继续泰然自若地等待。如果是一只飞虫撞到网上，蜘蛛就会"兴冲冲"地爬出来，喷出蜘蛛丝把猎物捆起来，用毒牙将它麻醉，待猎物组织化成液体后，再大口大口地吮吸，把飞虫吃掉。如果蜜蜂不小心落到蜘蛛网上，蜘蛛依然是不动声色。那么蜘蛛是怎么知道哪些是美味的食物呢？这是因为蜘蛛的腿上有裂缝形状的振动感觉器。当枯梗树叶碰到了网，只撞击一下便不动了，所以蜘蛛只是在其碰网的一刹那震颤一下。如果撞网的是飞虫，它一定会挣扎一番，这样便给蜘蛛发出了振动信号。奇怪的是，同是撞网的飞虫，蜘蛛对它们的反应却截然不同：是苍蝇，就马上跑来捆缚；是蜜蜂，便按兵不动。是蜘蛛怕蜂蜇吗？不是的。科学家发现，蜘蛛对40~500赫兹的振动最敏感，苍蝇扑动翅膀的频率正好在这个范围之内，而蜜蜂扑动翅膀的频率超过1000赫兹，因此不会引起蜘蛛的注意。

提问

你观察过蜘蛛网吗？蜘蛛网上都有什么？蜘蛛以什么为食？蜘蛛怎样分辨落到网上的是飞虫还是树叶？蜘蛛一般会躲在哪里？

蜗牛比赛

📄 **游戏目标：**了解蜗牛的生活习性，体验蜗牛的爬行方式，学会合作

📦 **材　　料：**无

📈 **适合年龄段：**4岁及以上

👥 **参与人数：**10人及以上

游戏说明：分组，每组5~6人，站成一列，扮演一只蜗牛。最后一人走到第一个人前面，此刻排在最后的人再往前走，走到现在第一个人的前面，依次类推，直到走到终点，看哪组最快。可以变换走的方式，比如跳着走、蹲着走等。

蜗牛

蜗牛是贝壳类软体动物，已经在地球上存在5亿多年了。蜗牛的种类很多，约25000多种，遍布世界各地，仅我国便有数千种。蜗牛有甲壳，形状像小螺，花纹和颜色多样；头有4个触角，走动时头伸出，受惊时则头尾一起缩进甲壳中。蜗牛身上有唾涎，能制约蜈蚣、蝎子。

蜗牛喜欢在阴暗潮湿、疏松、多腐殖质的环境中生活，昼伏夜出，最怕阳光直射，对环境反应敏感，主要以植物茎、叶、花、果及根为食。蜗牛是农业害虫之一，也是家畜、家禽某些寄生虫的中间宿主。蜗牛之所以爬得慢，是因为它是软体动物，只能依靠肌肉蠕动与地面产生摩擦力，从而移动身体；在移动的时候，蜗牛腹部还会分泌许多黏液，这进一步增加了移动的困难。

提问

蜗牛为什么"走路"很慢？大家有观察过蜗牛是怎么爬行的吗？蜗牛喜欢待在什么地方？蜗牛喜欢吃什么？为什么蜗牛会分泌很多黏液？

蝉鸣声声

📄 **游戏目标**：了解蝉发声的原理，训练快速反应能力，激发创意

📦 **材 料**：自然物

👣 **适合年龄段**：4岁及以上

👥 **参与人数**：10人及以上

游戏说明：大家都扮成蝉——每个人要从自然中找到几种物品，用敲打或其他方式使其发出不同的声音。有一只"蝉"先发出一种声音，然后其他"蝉"随着一起发出类似的声音。当第一只发出声音的"蝉"停止发声时，其他"蝉"的声音也停止，然后另一只"蝉"发出另一种声音，其他"蝉"紧随其后发出类似的声音。这样反复几次。用自然物发出的声音可以是悠扬的声音、欢快的声音、粗厉的声音等。游戏开始前，可以给大家讲解一下蝉为什么会发出不同的声音，蝉是怎么发声的。

蝉声

雄蝉会鸣叫，它的发音器在腹肌部，这些发音器官包括一系列肌肉和盖板，像蒙上了一层鼓膜的大鼓，鼓膜受到振动而发出声音。由于鸣肌每秒能伸缩约1万次，盖板和鼓膜之间是空的，能起到共鸣的作用，因此其鸣声特别响亮，并且能轮流利用各种不同的声调"激昂高歌"。

雄蝉每天"唱"个不停，是为了引诱雌蝉来交配，它并不能听见自己的"歌声"。雄蝉会发出3种不同的鸣声：集合声（受每日天气变化和其他雄蝉鸣声影响而调节），交配前的求偶声，被捉住或受惊飞走时的粗厉鸣声。

雌蝉的"乐器"构造不完全，不能发声，所以是"哑巴蝉"。

提问

蝉是用什么发声的？所有的蝉都能鸣叫吗？夏天，你们在外面听到的蝉叫是什么样的？蝉的叫声是一样的吗？你能学一学蝉的叫声吗？在这个游戏中，大家有什么感受？

蜻蜓

📄 **游戏目标：** 了解蜻蜓从幼虫到成虫的变化，训练注意力，训练快速反应的能力

📦 **材　　料：** 绳子，松果（或其他自然物）

⬆️ **适合年龄段：** 4岁及以上

👥 **参与人数：** 10人及以上

绳子

提问

蜻蜓是昆虫吗？蜻蜓和蜻蜓幼虫长得一样吗？蜻蜓幼虫生活在哪里？它们以什么为食？通过做这个游戏，你学到了什么？

游戏说明： 给大家讲解蜻蜓从幼虫到成虫的变化，蜻蜓的生活环境和生活习性。分2组，一组扮小鱼，一组扮蜻蜓幼虫。小鱼组的人要比蜻蜓幼虫组的人多。小鱼组每个人两只手各拿一个松果，蜻蜓组的人什么都不用拿。把活动场地分成两个区域：水域和陆地。用绳子或木棍标示水、陆之间的边界。小鱼和蜻蜓幼虫的活动场地都在水域。小鱼走来走去，两只手掌合在一起，手臂伸出来，做游泳的动作；蜻蜓幼虫做拍手的动作（这样可以表示它们有一个可以向前突击而捕捉猎物的下唇）。蜻蜓幼虫必须追逐并抓住小鱼。当小鱼被捉住时，需要交出一个松果给蜻蜓幼虫。失去两个松果的小鱼会变成蜻蜓幼虫继续游戏。当蜻蜓幼虫获得两个松果时就会成长为一只蜻蜓成虫，这时就要走到陆地区域。蜻蜓成虫在陆地区域飞来飞去（孩子们拍打他们的手臂来模拟蜻蜓的飞行），直到遇到另一只蜻蜓成虫，两只蜻蜓相遇并通过相互交换松果来"交配"。交换松果后，蜻蜓会死亡，两个人会回到水域活动区变成小鱼继续游戏。可以通过改变"蜻蜓幼虫"与"小鱼"的比例或通过改变松果的数量来改变游戏。

蜻蜓

蜻蜓因为没有蛹期，所以生殖和发育过程属于不完全变态发育。蜻蜓的个体发育过程经过卵、若虫（或稚虫）和成虫三个时期。雌蜻蜓在水面飞行时，分多次将卵"点"在水中，也有的将腹部插入浅水中将卵产于水底。孵化出的稚虫叫"水趸（chài）"，在水中用直肠鳃呼吸。水趸是昆虫纲蜻蜓目昆虫稚虫的一种统称。它们体色一般是暗褐色或暗绿色，外形与其成虫类似，无翅，没有性成熟。水趸一般会潜伏在溪池泥底或残枝败叶下，肉食性，性情凶猛，喜欢捕食小型水生昆虫及它们的幼虫；大型的水趸甚至可以捕食小鱼和蝌蚪。水趸依种类不同而有不同长短的生命时期，短的2~3个月，普通种类1~3年，最长的则要7~8年才能完全成熟，期间约需经过8~14次不等的脱皮，然后爬出水面，变成蜻蜓成虫。

蜜蜂传粉

📄 **游戏目标：** 体验蜜蜂与同伴交流，了解花粉是如何传播的，锻炼体能，学会合作

📦 **材　　料：** 杯子或小花盆5个，4种不同颜色的小球各若干（或用不同种类的豆子代替，代表不同的花粉）

📊 **适合年龄段：** 5岁及以上

👥 **参与人数：** 10人及以上

游戏说明： 在一个区域的四个角落放上装有若干不同颜色小球的纸杯或小花盆（同一纸杯或小花盆中小球的颜色要相同），中间放一个空杯子。大家都扮成小蜜蜂，并分成2组，一组站在中间的"大本营"等待，另一组先出发去采花粉。采花粉的人可以从不同的方向开始，跑到角落去拿2个小球，然后再到另一个角落的杯子处把手里的其中一个小球换成另一个，依次类推。四个角落里的小球都取过后，最后把手上的两个小球带回大本营放到空杯子里，然后和同伴（另一组在大本营等待的人）贴近，做左右贴脸的动作，接着对着同伴扭动屁股，转着圆圈跳舞。跳过一圈舞后，同伴开始跑过去取小球，并做同样的动作。直到大家都取完回来，检查中间杯子里的小球和四个角落杯子里的小球，看看是否各种颜色的小球都混合到了一起。这个游戏可以很好地让孩子们体验蜜蜂作为花粉的传播者是如何工作的，花粉是如何传播的，还可以感知蜜蜂之间的交流与合作方式。

蜜蜂是重要的花粉传播者

联合国粮食及农业组织的研究发现，世界上90%左右开花的野生植物依靠花粉传播来进行繁殖，而且全球超过75%的粮食和35%的农业用地需要动物来授粉。虽然蝴蝶、蜂鸟、蜜蜂以及其他以花蜜为食的昆虫都是传播花粉的主力军，但是蜜蜂是占比最大的，这是因为它们不仅种类多，而且数量多。因此，所以蜜蜂是重要的花粉传播者。

蜜蜂全身长满细毛，当蜜蜂飞落在花朵上吸取花蜜时，它毛茸茸的腿上和身上就会粘满花粉。当蜜蜂从一朵花飞到另一朵花时，便可将一朵花的花粉传播给另一朵花了。

蜜蜂在发现了蜜源后会通过舞蹈告诉同伴，最典型的是圆圈舞和摆尾舞。舞者是采集蜂中的侦察蜂，舞台是巢内与地面垂直的巢脾。侦察蜂跳什么舞根据所探查到的蜜源的方向与距离而选

定。如果侦察蜂在离蜂巢100米之内的地方发现了蜜源则跳圆圈舞，整个过程为：当侦察蜂带着在那里采集的花蜜回到巢内后，先在巢脾上安静地待一会儿，然后把花蜜慢慢地吐出来，挂在嘴边，由周围的同伴用喙把其吸走，接着侦察蜂便跳起圆圈舞，一会儿向左转圈，一会儿向右转圈，但轨迹总是圆的。蜜源的质量，是以跳舞的激情来表达的，即花蜜越多越甜，跳得越欢快。

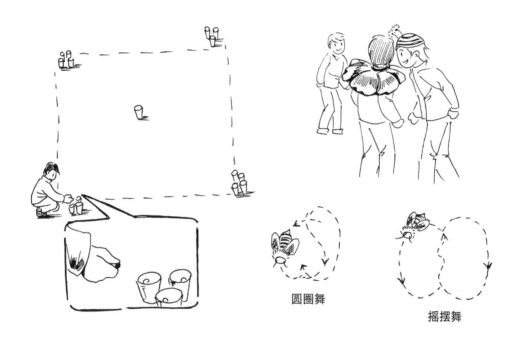

圆圈舞

摇摆舞

提问　　　蜜蜂是怎么采蜜的？花朵为何需要蜜蜂？蜜蜂之间是通过什么样的方式进行交流的？通过玩这个游戏，大家知道花粉是怎么通过蜜蜂传播的吗？如果地球上的蜜蜂都消失了，会发生什么呢？

萤火虫的小灯笼

📄 **游戏目标:** 激发创意,锻炼动手能力,了解萤火虫发光的原理,训练快速反应能力,训练观察能力

📦 **材　料:** 自然物

📶 **适合年龄段:** 5岁及以上

👥 **参与人数:** 10人及以上

提问

萤火虫是昆虫吗,为什么? 大家见过萤火虫吗? 萤火虫长什么样子? 萤火虫为什么夜间会发光呢? 萤火虫发光是为了照明还是有什么其他的用途?

游戏说明: 分组,每人扮演一只萤火虫。先寻找自然物,制成同样的小灯笼(每人一个),作为萤火虫的发光部分。然后,每组成员讨论怎么找到对方,用什么样的信息,比如,当同伴中有人把小灯笼举高晃3下,就表示要集合了,这组的人要做同样的动作聚集在一起;如果把小灯笼用双手提着,上下晃动,表示有敌人来了,大家都要蹲下躲起来。各组的人要混合在一起,大家以拿小灯笼做动作的方式来辨别信号和对方是否是自己组的人,这需要非常好的观察力和注意力。这个游戏中也可以加入萤火虫的天敌,如蜘蛛或青蛙,当蜘蛛来捉萤火虫的时候,所有组的人都要做敌人来了的动作,然后躲避;如果被捉到,就变成蜘蛛继续游戏。

萤火虫

萤火虫,属于鞘翅目萤虫科,是小型甲虫,因为腹部末端能发光,所以叫萤火虫,英文名为:firefly。萤火虫还有很多其他名字,如夜光、景天、熠燿、夜照、流萤、宵烛、耀夜等。世界上已知的萤火虫有2000多种,我国较常见的有黑萤、姬红萤、窗胸萤等几种。

萤火虫为什么会发光

萤火虫会发光是因为它们有特殊的生理结构。萤火虫的腹部末端内充满许多含磷的发光质及发光酵素。晚上,这些含磷的发光质及发光酵素会在萤火虫腹部发出一闪一闪的微弱亮光,远远看去就像一个个点亮的小灯。萤火虫发出的光主要用于求偶,还为了照明和发信号给同类。对于每种用途,发出的光的信号都是不同的。

二、其他动物

小鱼找食物

游戏目标： 体验小鱼的生存，学

会团队合作，训练快速反应能力，培

养数学能力，锻炼体能

材　料： 木棍，绳子

适合年龄段： 3岁及以上

参与人数： 10人及以上

游戏说明： 游戏开始之前可以让大家先捡一堆长短不一的木棍，把木棍堆放在中间。分组，每组5~8人。每组代表一群小鱼，并用绳子圈起自己的位置，代表鱼群的家。各组围绕在木棍周围5~10米的距离。游戏开始时，每组内成员轮流前去拿木棍并送往家里。每人每次只能拿一根木棍，第一个人返回后第二个人再出发，依次循环。等木棍被拿得还剩几根后，游戏结束。接下来，每组要把自己取得的木棍按长短排序，并且数一数一共多少根。可以事先设定拿到多少木棍可以维持鱼群生存。还可以提高难度，在小鱼们取木棍的时候，有大鱼会去抓小鱼吃掉，因此小鱼去取食的时候还要小心大鱼的追逐。被抓到的小鱼要绕一棵树跑5圈再回归游戏。在这个游戏中也可以设置不同的取木棍方式，比如单脚跳，两个人拉着手一起，或一组人每个人把手搭着前面人肩膀一起去取木棍，也可以用传递的方式等。

提问

小鱼怎样才能得到更多的食物？如果没有足够的食物，鱼群会发生什么？小鱼为何要成群地生活在一起？

小鱼的生存

📄 **游戏目标：** 理解鱼类生存的优胜劣汰和鱼类的集群现象，训练快速反应能力，学会团队合作，锻炼体能

📦 **材　料：** 绳子

⬆ **适合年龄段：** 3岁及以上

👥 **参与人数：** 11人及以上

提问

小鱼如何才能逃避大鱼的追捕？什么样的小鱼最容易被大鱼吃掉？为什么小鱼要成群生活在一起？通过这个游戏，大家有什么感想？

游戏说明： 分组，5~8人一组。每组分配一根绳子，用绳子把组员绑到一起，象征鱼群在一起生活。鱼群会在海里游来游去，因此每组的人做出游泳的动作，在区域里到处游动。选择一个人扮大鲨鱼。大鲨鱼会去抓鱼群里的小鱼，如果它捉到一个组里的某个人，这个人就要变成大鲨鱼一起去抓其他的鱼或者退出游戏。大鲨鱼总喜欢去抓弱势者，因此组内成员要团结合作，共同逃避大鲨鱼的追捕。在规定的时间内，看哪组剩下的人数最多。游戏结束后，大家可以一起分享一下经验，例如，如何逃避大鱼，如何团结合作，鱼群怎样才能更好地生存下来。

小鱼的生存

科学家观察到，在海洋里经常会出现一种现象，即成群的小鱼有秩序地游来游去，看起来密密麻麻的，像一个群体在参加什么活动——这个现象就是鱼类的集群现象。世界上有记载的鱼类有2万多种，据估计，在这些鱼类中，生存期间一直集结成群的占25%，仅在稚鱼阶段集结成群的占50%。这些数字表明，鱼类的集群现象是相当普遍的。生物学家普遍认为，集群行为是鱼类经过长期自然选择而被保留下来的一种适应性行为，对鱼类的生存起着十分有利的作用。在生物学意义上，集群行为不仅可以降低饵料鱼（被捕食的鱼）被捕食鱼发现的概率，而且还会降低已被发现的饵料鱼被捕食鱼成功捕杀的概率。

狐狸和松鼠

📄 **游戏目标：** 认识松鼠的食物链和松鼠的

天敌，训练注意力，训练快速反应能力，锻

炼体能

📦 **材　　料：** 绳子，松果

👆 **适合年龄段：** 3岁及以上

👥 **参与人数：** 7人及以上

游戏说明： 在一个矩形的场地里，大多数人扮演松鼠，几个人扮演狐狸。可以用绳子标出起点和终点。每当狐狸喊"我饿了，想吃东西！"时，该轮游戏开始。松鼠必须从场地的一边（起点区域）跑到另一边（终点区域）去捡那里的松果再跑回起点，一只松鼠每次只能捡一个松果。当松鼠们在场地里跑过时，扮演狐狸的人会去抓它们，被抓到的松鼠变成狐狸。当所有的松鼠被狐狸抓住或均成功拿到松果回到起点时，游戏结束。可以连续做几轮游戏。这个游戏也可以是一组人作为一个整体去捡松果，比如，大家一起手拉手，或以同一种走路方式去捡松果等，另一组人作为狐狸去抓松鼠，抓到其中的一个人，这个人要出来变成狐狸，之后继续游戏。

提问

松鼠喜欢吃什么？谁是松鼠的天敌？松鼠怎么能躲避天敌，找到食物？你是否能画出松鼠的食物链？

松貂来了

📄 **游戏目标：** 了解松鼠的生活习性和它们如

何躲避天敌，训练注意力，训练快速反应能力，

锻炼体能

📦 **材　　料：** 木棍

📶 **适合年龄段：** 3岁及以上

👥 **参与人数：** 5人及以上

游戏说明： 在地上放一些坚硬的木棍，每个木棍代表松树顶上的一个伸到外面的细枝。一个孩子扮演松貂，其他的孩子扮演松鼠。松鼠必须要躲避松貂不被其抓到（只要站到木棍上就不会被抓到）。因为一根木棍上只能站一个孩子，且木棍数量比孩子要少，所以为了不被抓到，孩子们要一直活动，寻找木棍。当松貂离得很远的时候，松鼠可以在树木间跑来跑去（即在木棍间隙跑来跑去）；当松貂离得很近的时候，松鼠可以发出声音警告其他的朋友，然后大家快速地去找到木棍站立上去。如果被抓到，就和松貂互换角色，继续游戏，或者变成松貂一起去抓其他的松鼠。

松鼠

松鼠在动物分类中属于啮齿目松鼠亚目松鼠科松鼠属，体形通常中等大小，是寒温带针叶林和混交林中的典型代表动物。松鼠四肢强健，趾有锐爪，爪端呈钩状，体重通常在350克左右，雌性个体比雄性个体稍重一些。松鼠体态修长而轻盈，体长为18~26cm，尾长而粗大，尾长为体长的三分之二以上，但不及体长。

松鼠一年脱2次毛。换毛后会变色，但长尾巴和耳朵上的毛簇不会变色。松鼠冬天的"外套"更灰更厚，以保持松鼠的温暖和伪装。松鼠有锋利的门牙，就像人类的牙齿一样，松鼠的牙齿上覆盖着一层坚硬的白色牙釉质。松鼠的牙齿会被磨损，因为松鼠用它们咀嚼坚硬的坚果，但是牙齿会一直生长，所以它们的长度始终是不变的。松鼠的脚上有锋利的爪子。它是攀爬的能手，还可以伸出后脚的爪子从树干上垂直下降，脚上锋利的爪子使它不会滑倒。

你有没有注意到松鼠的头顶有一双大眼睛？这有助于它观察周围环境并避开想要吃它的动物。松貂、北苍鹰、猫头鹰和狐狸是松鼠的天敌。松鼠会以不同的方式应对这些天敌的威胁。当被松貂追赶时，松鼠会逃到树的外部树枝上。这些树枝太脆弱，无法支撑较重的松貂。松鼠也可以在树上静坐半小时来愚弄猛禽。

在地面上时，松鼠通常以30~60厘米的跳跃距离移动。为了逃离敌人，松鼠可以从站立的位置跳出130厘米。在树上时，松鼠可以跳跃5米。

提问

松鼠和松貂是什么关系？松鼠有哪些天敌？松鼠彼此会互相
帮助吗？松鼠是怎么传递信息的？松鼠是怎么躲避松貂追捕的？

森林音乐会

📄 **游戏目标：**了解各种动物的叫声，训练注意力，训练快速反应能力，训练记忆力

📦 **材　　料：**动物图卡，动物音乐五线谱

🔼 **适合年龄段：**3岁及以上

👥 **参与人数：**10人及以上

提问

你听到过哪些动物的叫声？它们是什么样的？你可以模仿一种你喜欢的动物的叫声吗？你知道动物为何会发出叫声吗？动物之间怎么沟通交流呢？

游戏说明：用动物图卡分组，如果分5组，就用5种动物图卡，5种动物可以是：虎、熊、山羊、布谷鸟、青蛙（也可以任意选择其他的动物）。给每个人分发一张图卡，所持动物图卡相同的人为一组，然后每组人就"变成了"这种动物。森林里要开办音乐会了，大家要展示出自己最优美的声音。每组的人分别练习该组动物的叫声，并配合着做动作。可以指定某人或老师扮指挥家狐狸。指挥家要给大家展示动物音乐五线谱，然后指到哪种动物，哪组成员就要发出该动物的声音，并做相应的动作。大家要围成一圈，每一组的成员可在一起，分开也可以。大家都要集中注意力，比如，指挥家指到青蛙时，青蛙组的人就要一起快速发出青蛙的声音并做出青蛙跳跃的动作。指挥家可以时快时慢以提高难度。

动物的叫声

动物发出叫声属于生物学中的信息传递。动物借助叫声传达警报、交流、求偶等信息。比如，雄狮子的吼叫是警告其他领地的雄狮清楚自己的位置和地位，雄狮的叫声可传播5英里（1英里=1609.34米）以上，当其他雄狮听见也会以叫声回应；鬣狗的叫声可以用于呼叫自己领地的同伴增援，相距十几英里都可听见；母兽呼叫自己的孩子，一旦孩子回应母兽就知道其位置。动物叫声的非常重要的一个作用是求偶，不管是小型动物还是大型动物（如蟋蟀、青蛙、鸟类、大象、猴子、驼鹿等），都会通过发出各种各样的叫声吸引异性同类，一般是雄性动物先发出叫声，雌性动物听到后，如果觉得某个雄性动物适合自己，就会做出回应。

蛇蜕皮

📄 **游戏目标：** 体验蛇蜕皮的过程，学会合作，学会信任，训练注意力

📦 **材　料：** 无

👣 **适合年龄段：** 3岁及以上

👥 **参与人数：** 5人及以上

游戏说明： 分组，每组5~8个人。每组的第一个人代表蛇的头，其他的人站在这个人身后，双手搭在前面人的双肩上。听指令，当老师说"开始"时，第一个人转身从后面的人的旁边爬到最后，接着站在最后一个人身后，拍一下最后一个人的后背。然后这个人拍一下自己前面的人的后背，依次类推。当最前面一个人得到信号后，这个人开始转身从后面的人的旁边爬到最后，依次类推。当最初的第一个人又站在第一排时，代表蛇已经蜕完皮，游戏结束。

蛇蜕皮

蛇体表面所披的鳞片都是表皮的衍生物，通称角质鳞，它与鱼类的骨质鳞片是不同的。蛇的鳞片虽然是覆瓦状排列的，但所有鳞片均与表皮连成一体，包围在身体外面，以保护体内器官，防止体内水分过多蒸发。大型腹鳞兼有爬行的功能。因为蛇的皮肤缺乏腺体，无皮脂腺或汗腺等（这是蛇的特征之一），所以蛇的皮肤经常是干燥的，而且表皮容易角质化，变成一层死的细胞。因此，当蛇体长大到一定程度时，就要把已角质化的皮肤蜕掉，重新长出皮肤来，同时鳞片经过一定时间的磨损已残缺不整，此时也需要换上新的完好的鳞片。可见，蜕皮是蛇的生长规律。

蛇蜕皮的过程颇为有趣，一般是先从上下嘴唇脱起，随后头部皮肤松脱开。这时便和人们脱长筒袜子一样，把头部已脱落的皮翻转向外，借助粗糙的地面或岩石缝，或树枝的杈口，从头部往躯干部慢慢脱下来，最后从尾部末端把整个旧皮蜕掉。

成年蛇类一般每年蜕皮3次左右，少数达到4次。幼年的蛇类生长速度快，蜕皮的次数较多，一般仔蛇（指刚出生的蛇）和幼蛇每年可蜕皮4~5次或更多，平均32~45天蜕皮一次。在冬季，蛇类既不进食、也不蜕皮。

提问

大家知道蛇是怎么蜕皮的吗？蛇为什么会蜕皮？蛇一年一般会蜕几次皮？这个游戏中，大家要怎样合作才能完成整个过程？传递信号时，如果传递错了会怎么样？

逛动物园

📄 **游戏目标：** 认识动物和了解其特征，

训练注意力，训练快速反应能力，学会

表演，学会模仿

📦 **材　　料：** 无

👟 **适合年龄段：** 3岁及以上

👥 **参与人数：** 5人及以上

游戏说明： 大家围成一圈，选择一个人或者由老师说出引导语："今天是个星期天，我们一起逛动物园。动物园里有什么？"然后，第一个人说出一个动物的名称，比如老虎，接着要做出老虎的特征动作，做完后挨着的另一个人要马上说出另一种动物，并做出相应动作。依次类推，直到有人说不来为止。游戏期间，没有立刻说出动物名称的人，要围着大家转一圈再回归原位，游戏继续。这个游戏也可以用其他物种的名称，如水果、蔬菜、树木等的名称。

动物园里的动物都有哪些

动物园里一般有狮子、老虎、金钱豹、黑熊、大鸨、大象、狼、狐狸、猞猁、黑猩猩、狒狒、骆驼、牦牛、猴子、天鹅、百灵鸟、松鼠、红腹锦鸡、袋鼠、火烈鸟、孔雀、大熊猫、河马、丹顶鹤、树懒、斑马和长颈鹿等动物。

提问　你去过动物园吗？动物园里都有哪些动物？常见的动物有哪些？你能表演出一种你喜欢的动物的特征吗？通过这个游戏，大家认识了哪些新的动物？

模仿哺乳动物

📄 **游戏目标**：认识哺乳动物，了解哺乳动物的特征，大胆表演，激发艺术创意，锻炼想象力，训练注意力和记忆力等

📦 **材　料**：无

📶 **适合年龄段**：3岁及以上

👥 **参与人数**：3人及以上

提问

你知道的哺乳动物有哪些？它们有什么特征？海洋里有哺乳动物吗？你能表演出几种哺乳动物的特征？

游戏说明： 大家围成一个圈，首先大家说一说自己知道的哺乳动物，并说出哺乳动物不同于其他动物的一些地方。然后，老师边说哺乳动物的特征，边表演出这些特征，演示一遍后让孩子们跟着一起说，一起表演哺乳动物的特征。练习几遍后，老师随机说出一个特征，孩子们要快速表演出这个特征。表演几次后，可以大家一起边说边表演一遍哺乳动物的特征。

哺乳动物

哺乳动物是动物世界中形态结构最高等、生理机能最完善的动物。与其他动物相比，哺乳动物最突出的特征在于胎生以及其幼崽由母体分泌的乳汁喂养长大。哺乳动物大都长有皮毛，以保持体温的恒定，适应各种复杂的生存环境。哺乳动物具有比较发达的大脑，因而能产生比其他动物更为复杂的行为，并能不断地改变自己的行为，以适应外界环境的变化。

世界上现存的哺乳动物有4000多种，虽然它们都已经高度进化，但仍具有很多共性：几乎所有的哺乳动物都是温血动物，体温基本恒定，身上披有毛发，以保护身体、隔绝冷热等。

哺乳动物歌

什么是哺乳动物？它们有一个脊椎身体棒，两只耳朵听力好，脑袋巨大思维强，头上有头发，身上披毛发，还有心脏不停在跳动。它们用肺来呼吸，热的时候会出汗。如猫和狗，它们会出汗，它们可用四条腿来奔跑，还可以在水里游泳。它们有尖锐的牙齿，可以捕捉猎物。也有食草者，还有杂食者。它们可以跳起来抓住飞行的动物。鸟会飞，也会下蛋，但哺乳动物，是胎生并靠母乳来喂养的。

捉尾巴

📄 **游戏目标：** 认识动物尾巴的作用，训练注意力，训练快速反应能力

📦 **材 料：** 自然物，衣夹

👣 **适合年龄段：** 3岁及以上

👥 **参与人数：** 5人及以上

游戏说明： 每个人在自然中找到一种自然物作为自己的尾巴。大家可以说说自己想扮演什么动物、这种动物的尾巴是什么样子的，然后找到和这种动物尾巴类似的自然物，用衣夹夹在上衣的后面，当作尾巴。准备好后，大家听指令开始，互相去捉对方的尾巴。游戏结束后，看谁捉到的尾巴最多，再看看谁的尾巴没有被捉到。最后，大家一起讨论尾巴的作用。

动物尾巴的作用

动物尾巴有长有短，有粗有细，用途各不同，比如，鸟类的尾羽可以让它保持平衡、调整飞行的角度、控制方向以及升降；狗的尾巴可以表达情绪，如喜欢、愤怒、警惕等，人们可通过观察它的尾巴来了解它的内心；蝎子的尾巴上有毒刺，它能起到保护自己的作用，可麻痹猎物，还能折断尾巴来迷惑敌人，从而逃跑；马的尾巴可以使它在奔跑时保持平衡，左右摆动还可以驱赶蚊蝇等；狮子的尾巴可以帮助它们搏斗；猴子的尾巴可以当成第三只手；鱼的尾巴可以使其掌握方向和起到推动器的作用等。

提问

所有的动物都有尾巴吗？说一说你见到的动物的尾巴是什么样的。你觉得尾巴有什么作用呢？怎样才能捉到更多的尾巴？怎样才能保护好自己的尾巴？

蜥蜴接力赛

📄 **游戏目标：** 了解蜥蜴的行走方式，学会合作，进行竞赛，锻炼体能

📦 **材　　料：** 接力棒4根（50厘米左右长，如果是成人，则80厘米左右长）

📊 **适合年龄段：** 4岁及以上

👥 **参与人数：** 12人及以上

蜥蜴爬行

游戏说明： 分4组，每组的人数要为双数。每组分别扮一种蜥蜴，如森林蜥蜴、沙滩蜥蜴、大蜥蜴和飞龙蜥蜴。如果人少，也可以分3组或2组。每一组发一根接力棒。每两个孩子扮一只蜥蜴，一个孩子站在另一个孩子的后面，双手放在前面孩子的肩膀上或他的腰部。大约50厘米长的接力棒要夹在两个孩子的小腿之间。两个孩子要快速向前移动，但不让接力棒掉下。所以，孩子们在走路的时候，一个孩子要移动他的左腿，同时另一个孩子移动他的右腿，反之亦然。这就是蜥蜴行走的方式。如果接力棒掉落，则允许将其拿起来重新放回小腿间。每组的人先练习以这种方式走路，练习几分钟后，开始正式的接力赛。选定一个区域作为接力赛的区域，每组要提前确定每只蜥蜴跑的距离，站好位置。一只"蜥蜴"跑完他们要跑的距离后，将接力棒交给下一对孩子。这样依次类推，看哪组在规定的时间内先跑到终点。在活动前，给大家讲述关于蜥蜴的知识和介绍蜥蜴的走路方式。游戏也可以用蜥蜴的故事导入。

蜥蜴

蜥蜴俗称四脚蛇，属于冷血爬虫类，世界上有3000种左右。蜥蜴生活在不同的环境中，有的生活在地下，有的生活在地表、森林、海岛或沙滩上。多数蜥蜴以昆虫为食，也有少数种类兼食植物。为了保护自己，蜥蜴会随着环境变色，尾巴断掉了可以再生。多数蜥蜴有4条腿，其中，后肢有力，因此能快速奔跑并改变前进的方向。奔跑最快的蜥蜴时速可达25千米/小时。蜥蜴爬行时四条腿的运动顺序为左前、右后（同时），右前、左后（同时）。

提问

蜥蜴是怎么爬行的？怎样才能使接力棒不掉落？两个小朋友需要怎么配合才能完成这个活动？

松鼠换巢

📄 **游戏目标：** 了解松鼠的生活习性以及松鼠是怎么躲避天敌的，训练注意力，训练快速反应能力

📦 **材　　料：** 无

📈 **适合年龄段：** 4岁及以上

👥 **参与人数：** 15人及以上

游戏说明： 分组，有一组3人手拉手扮演松鼠的主巢，其他2组各两个人手拉手、面对面站立扮演松鼠的副巢，1人扮演猫头鹰或松貂去抓松鼠，剩下的人扮松鼠站在巢里。听指令，当说出"小松鼠快换巢"时，所有的小松鼠要跑出来到其他的巢里。这时，猫头鹰有机会去抓松鼠。如果松鼠被抓到，就和猫头鹰互换角色。接下来要提高难度，当听到"我来了"或"我饿了"时，所有在副巢里的小松鼠要跑到主巢里，主巢里的小松鼠要跑到副巢里。如果被猫头鹰抓到，就变成猫头鹰一起抓其他的松鼠。经过几次换巢，看看松鼠还剩下几只。做这个游戏也可以提高难度，所有的人都换位置，重新组成主巢和副巢以

及里面的松鼠。在换的过程中，猫头鹰抓到谁，谁就要和猫头鹰互换角色。这个游戏也是"蜘蛛换网"游戏的变形，还可以变化成其他动物主题的游戏。

松鼠的巢

松鼠喜欢在茂密的树上筑巢，或者找一些鸟类不用的窝来做自己的巢，并对其进行修补，还会选择有树洞的地方做自己的窝，一般选择茂密且隐蔽性好的树洞。松鼠搭窝时会取些小木片、树皮或树枝等材料，把材料错杂地放在两棵树树枝的交叉点上，再用一些干的苔藓将它们编扎在一起，接着在窝的上面弄一个盖，预防下雨时漏水。窝的出口很小，可以勉强进出。松鼠的活动范围很大，它们到处乱跑。正因为如此，松鼠搭好几个窝，有主巢、副巢，主巢用来栖息、生息，副巢用来贮存粮食，以备不时之需。

提问

有人见过松鼠的巢吗？想象一下松鼠的巢是什么样的，它的巢是用什么搭建的？松鼠怎么躲避猫头鹰呢？松鼠会换巢吗？松鼠为什么有不同的巢穴？

沼泽山雀

📄 **游戏目标：** 了解沼泽山雀如何过冬，训练观察能力，锻炼思维与策略

📦 **材　　料：** 葵花籽

🔼 **适合年龄段：** 5岁及以上

👥 **参与人数：** 5人及以上

提问

沼泽山雀是怎样过冬的？如果它们没有找到足够的食物会怎么样？怎样才能既把食物藏好，又能很容易找到？大家还知道哪些鸟类会把食物藏起来？

游戏说明： 大部分人扮沼泽山雀，有1个或2个人扮大山雀。在地上放一堆葵花籽。扮沼泽山雀的人要把葵花籽藏起来，因为沼泽山雀的嘴比较小，所以它们一次只能拿一粒葵花籽。沼泽山雀通常会把种子藏在地表上面，而且藏得非常好，这样就不会被雪覆盖。大山雀会去偷沼泽山雀藏起来的种子。因此，沼泽山雀在藏种子的时候，要避开大山雀，以防它们看到。游戏进行一段时间，还会有一只雀鹰飞过来抓沼泽山雀。被雀鹰抓住的人要围着一棵树跑几圈或"冻结"10秒再回来加入游戏。一段时间后，可以停止游戏，让沼泽山雀找回它们藏起来的种子。拥有最多种子的人是胜利者。经此可以告诉参与者，严酷的冬季是沼泽山雀生存的挑战。也可以介绍规则为，一只沼泽山雀只有找到7粒藏起来的种子才能度过寒冷的冬季，但是在温暖的冬季，两粒种子就可以度过。可以在游戏开始时设置这种规则，并根据能藏起来的种子的多少来调整数量。

沼泽山雀

沼泽山雀（学名：*Poecile palustris*）体重10~14克，体长113~138毫米，是一种体形比大山雀稍小的鸟类。沼泽山雀雄雌同形同色，成鸟头顶和后颈黑色，部分亚种略带凤头，下喙基部有一块黑色羽毛，远看犹如蓄着黑色的山羊胡子一般，两颊及喉部白色并延伸至颈后。其长度，或者说由头顶延伸到颈后的黑色区域的宽度是区别该物种和与其近似的褐头山雀的一个特征。沼泽山雀一般在近水源或潮湿的林区比较常见，在果园、庭院等地也能看到。沼泽山雀主要以昆虫和昆虫的幼虫为食，也吃植物的果实、种子和幼芽等。沼泽山雀会把种子藏起来以供冬季食用。

松鼠储藏食物

游戏目标： 了解动物的生活习性与松鼠冬季储藏食物的习惯，学会合作，想出策略，训练注意力

材 料： 松果或其他自然物

适合年龄段： 5岁及以上

参与人数： 3人及以上

提问

松鼠会储存哪些食物过冬呢？松鼠是怎么把食物储存起来的？松鼠很容易忘事，虽然有时候会忘记自己储存的食物在哪里，但是却可以找到其他松鼠储存的食物，因此也不影响过冬。大家想一想，松鼠怎样才能更好地记住自己储存的食物在哪里呢？

游戏说明： 松鼠有储存食物的习惯，它们经常会把食物藏起来。先给孩子们讲一下松鼠的食物和松鼠冬储食物习惯，然后开始游戏。小松鼠把松果藏起来，老鼠去偷。一个孩子扮演松鼠，蒙着眼睛站在一堆松果旁（可以用松果、石头、树枝等），其他的孩子扮演老鼠去偷，一个人一次只能偷一个松果，放到起点后再回来偷。蒙眼睛的孩子不能移动地方，但是可以移动胳膊。如果其他孩子被碰到，就围着树跑5圈或者数到10再回归游戏。可以分组进行游戏，看哪组在规定的时间内偷的最多。中间的松果也可以用绳子围起来，由几只蒙眼睛的松鼠看管。还可以像小猴偷桃的游戏，睁眼时不能偷，闭眼睡觉时候可以偷。这个游戏可以用来进行听力训练，蒙上眼睛的孩子要指出声音的正确方向，指出后偷松果的孩子要重新从起点开始。因此，扮老鼠的孩子要想偷到松果，必须避免发出声音。

松鼠的食物

松鼠以植物性食物为主，主要食物为落叶松等针叶林的种子，也取食昆虫及其幼虫、蚁卵、鸟卵及其他动物，夏季多取食各种浆果和蘑菇；在食物缺少的情况下，亦吃树的幼芽。松鼠在日间活动，清晨最活泼，不冬眠，但冬季活动减少，严冬寒冷之际，很少出窝活动。

松鼠有贮藏食物的习惯。冬天来临前，它们会把食物储藏在几处不同的地方。每当果实成熟，经常可以看到松鼠的嘴里含着胡桃、橡实或者其他好吃的东西。每当它从一个树枝跳到另一个树枝，贮备就会增加。它不仅搜集胡桃和成熟的果实，而且常常把蘑菇挂在较高处的树枝上，待其风干后收藏到仓库里。

麻雀与种子

📄 **游戏目标：**了解麻雀的食物链，训练注意力，训练快速反应能力

📦 **材　　料：**无

🔼 **适合年龄段：**5岁及以上

👥 **参与人数：**10人及以上

提问

麻雀的食物是什么？如果种子越来越少，麻雀会怎样？如果雀鹰越来越多，会发生什么？大家可以说一说怎样保持食物链的平衡吗？

游戏说明：选择1~2个人扮演雀鹰，剩下的人分3组，一组扮演麻雀，另两组扮演种子。扮演种子的人双臂紧贴身体，做跳跃状，扮演麻雀的人挥动手臂做飞行状去追逐种子。如果种子被抓到，种子就变成麻雀。雀鹰把双臂举过头顶挥动去抓麻雀，如果麻雀被抓到就变成雀鹰。游戏继续一会儿，雀鹰会越来越多，种子会越来越少。这种情况下会发生什么？改变游戏规则，当雀鹰捉到3只麻雀，雀鹰就会变成种子。这样就会形成一个循环。也可以增加猎人，猎人要伸出食指呈枪状去抓雀鹰，雀鹰如果被抓到，便变成种子。当然，现实中是不允许猎人去射击雀鹰的，但是要保持自然界的生态平衡。鹰会自然死亡，也可能在小的时候被其他动物吃掉。这个游戏可以根据主题变成其他动物的食物链游戏。

麻雀

麻雀是雀科麻雀属27种小型鸟类的统称。它们的大小、体色甚相近，一般上体呈棕、黑色的斑杂状，因而俗称麻雀。麻雀的栖息地海拔为300~2500米。麻雀多在有人类活动的地方，如城镇和乡村、河谷、果园、岩石草坡、房前屋后和路边树上活动和觅食。麻雀主要以谷物为食。当谷物成熟时，多结成大群飞向农田吃谷物。在繁殖期，麻雀也觅食部分昆虫，并以昆虫育雏。麻雀的繁殖力强，除了冬季，其他季节都可繁殖。麻雀的天敌是老鹰、蛇类、猫、狗、黄鼠狼、喜鹊、伯劳等。由于麻雀的体形很迷你，很多动物都是以它为食的，尤其是黄鼠狼和老鹰，它们是麻雀的劲敌。

小鸟筑巢

📄 **游戏目标：** 了解鸟的繁殖、为何鸟要筑巢、鸟是怎样筑巢的，激发创意，学会合作

📦 **材　料：** 无

📊 **适合年龄段：** 5岁及以上

👥 **参与人数：** 10人及以上

提问

鸟儿为何要筑巢？它们是怎样筑巢的？你见过鸟巢吗？在哪里看到的？它们为何要在那里筑巢呢？不同的鸟筑的巢一样吗？

游戏说明： 大家站成一圈，先练习怎样搭建鸟巢：每个人把手臂伸出来，左手臂搭在邻居右手臂上，有两个人的胳膊不搭到一起，形成一个开口，其中一个人带领大家往里走，这样便形成一个螺旋式的巢。老师可以说出几种鸟的鸟巢，比如喜鹊的巢比较大，大家的螺旋圈围得比较大，圈比较少；如说燕子的巢，大家可以围成小的螺旋圈等，这样变换几次，体验不同鸟儿不同的巢穴特征。做此游戏还可以用自然物创新形式：分组，每组选择给一种鸟儿筑巢，去自然中寻找筑巢用的不同自然物，然后搭建有自己特色的巢穴，搭建完后，互相参观，主创人员介绍自己的鸟巢的创作方法、为何要这样做、这种鸟是否会喜欢这样的巢等。

鸟类筑巢

在繁殖季节，大多数鸟类在它们的巢区以内选用植物纤维、树枝、树叶、杂草泥土、兽毛或鸟羽等物，筑成使鸟卵不致滚散并能同时均匀受到亲鸟体温而孵化和有利于亲鸟喂雏的巢窝，称为筑巢。

鸟类对巢址的选择与其生活方式及取食的地点有密切关系。比如森林鸟类中，有的把巢建在乔木的树冠部，有的建于灌木或地面草丛中，还有的是在石缝或树洞中。无论鸟类在哪里筑巢，基本条件都是食物丰富、光线充足、有很好的隐蔽条件。

驼鹿游戏

📄 **游戏目标：**认识动物生存所需生活环境，大胆表演，训练快速反应能力

📦 **材　　料：**无

🔼 **适合年龄段：**5岁及以上

👥 **参与人数：**15人及以上

游戏说明：分成2组。一组扮驼鹿，另一组当森林（驼鹿的生活环境）。森林组的人要比驼鹿组的人多。作为森林一组的人员选择当食物、水和庇护所。驼鹿组的人通过做动作表示他们需要什么，如把手放到肚子上表明他们需要食物，把大拇指放到嘴唇上说明他们需要喝水，把双手手指交叉放到头顶上代表他们需要庇护所。森林组的人也要做相同的动作代表他们是食物、水或庇护所。驼鹿组和森林组的人各站到一边，背对背。当指令发出时，大家转身，驼鹿组的人要跑到森林组的地方把自己需要的取回来，比如需要食物的，要到森林组把做相应动作的人带回驼鹿组，每次只能带

一个人。被带到驼鹿组的人变成驼鹿继续游戏。这样森林组的人会越来越少。游戏结束后，大家可以讨论怎样维持生态平衡。为了增加挑战，可以加入狼。在驼鹿取自己所需的时候，狼会去抓驼鹿，被抓到的驼鹿变成狼，或者变成森林继续游戏。这个游戏的内容也可以换成其他动物和其他生活环境，比如鱼和海洋、鸟与森林、昆虫与草地等。

驼鹿

驼鹿的英文名称是moose，它是世界上最大的鹿科动物。驼鹿属下共有2个物种8个亚种。驼鹿的名称取意于其肩高于臀，与骆驼相似。驼鹿为典型的亚寒带针叶林食草动物，单独或小群生活，多在早、晚活动。

驼鹿是世界上体形最大和身高最高的鹿（注：长颈鹿不属于鹿科），一般体长为200~260厘米，肩高160~240厘米，比大多数犀牛都高。中国驼鹿的体长是200~260厘米，体重一般是400~600千克，但产于北美洲的驼鹿体长都达300厘米，大多数体重可达700千克，最高纪录为1000千克左右，堪称鹿类中的庞然大物。

雄驼鹿通常单独生活，雌驼鹿和小驼鹿集群而居。它们全天都在觅食饮水，食物种类有70多种，包括草、树叶、嫩枝以及睡莲、浮萍等水生植物。它们的食量很大，每天要吃掉20多千克的植物，且和牛一样进食后须反刍，还有舔食盐碱的习性。

为了适应严酷的寒带环境，驼鹿进化出了许多高超的生存本领：驼鹿的耳朵很大，听觉非常灵敏；驼鹿虽然体形巨大，但动作却相当灵活，能够在积雪60厘米深的地上自由活动，可以以每小时55千米的速度一口气跑上几个小时；它还是一种会跳高的鹿，能够拖动千斤重的身躯一跃而起去取食高处的树枝树叶；另外，驼鹿最大的特点就是它是名副其实的"辟水金睛兽"，一次可以游泳20多千米（以致不少人见过驼鹿横渡海峡），还能潜到5~6米深的水下去觅食水草。

提问　　　驼鹿的食物是什么？如果森林越来越少，驼鹿会怎样？大家想一想，怎样维持生态平衡？

龟兔赛跑

📄 **游戏目标：**了解动物的身体结构与走路方式，学会合作，训练快速反应能力

📦 **材　　料：**无

👥 **适合年龄段：**6岁及以上

👥 **参与人数：**6人及以上

提问

你知道龟兔赛跑的故事吗？你觉得如果乌龟和兔子赛跑，谁会赢得比赛呢？为何故事中乌龟取得了胜利？在游戏中，大家一起怎样做能跑得更快？

游戏说明：首先给大家讲一讲龟兔赛跑的故事，接着将大家分2组，一组扮演乌龟，一组扮演兔子。如果分4组或6组，就2~3组扮演乌龟，2~3组扮演兔子，同一组的人要一起扮演成一只乌龟或一只兔子。大家可以有几分钟讨论怎么合作，并进行练习，测试怎么跑得更快。游戏开始时，各组听指令从起点跑到设定好的终点，看哪组跑得最快。做这个游戏也可以每组扮演成不同的动物，进行比赛。每组可以自行选择扮演哪种动物，然后讨论怎么扮演、用什么策略跑得更快等。

龟兔赛跑的故事

龟兔赛跑是一则耐人寻味的寓言故事。故事中塑造了一只骄傲的兔子和一只坚持不懈的小乌龟。虽然乌龟走得很慢，兔子跑得飞快，可是最后乌龟却取得了胜利！此故事告诉大家：不可轻易小视他人；虚心使人进步，骄傲使人落后，要踏踏实实地做事情，不半途而废，才会取得成功。

2018年8月，《科学报告》杂志刊登了美国生物学家的一项研究成果。据称，龟兔赛跑中，若用它们一生的运动量来衡量，乌龟作为一种很有耐力的动物，肯定会赢得胜利。科学家称，乌龟一生走的千米数比兔子要多。

乌龟的走路方式：头使劲向前伸，四肢用力，使劲向前爬，左前脚和右后脚同时运动，然后是右前脚和左后脚同时运动。

兔子的走路方式：兔子通过蹦跳的方式行走。兔子的前肢比后肢短，有利于跳跃。兔子走路一般是依靠后腿的蹬力使整个身体向前跳跃。

三、植物

物种

游戏目标： 认识物种，训练快速反应能力，训练注意力，训练记忆力

材　　料： 自然物，绳子

适合年龄段： 3岁及以上

参与人数： 10人及以上

提问

怎样能更容易地记住那些自然物的名称？怎样能更快地拿到自然物？你能同时记住几种自然物的名称呢？刚才游戏中的自然物，大家还记得都是什么吗？

游戏说明： 从附近的自然环境中寻找不同物种的自然物，比如松果、苔藓、银杏叶、蒲公英、橡果等。根据参与者的知识水平，可以放置6~10种或更多的物种，把这些自然物放到中间。大家先围成一个圈，老师把中间的自然物逐一介绍给大家，让大家记住各物种的名称。然后分成2组，两组人面对面排成队站在两边，可以用两条绳子或两根木棍标记分界线。把自然物放到中间，两组的人站的位置距离自然物一样远，比如距离都是6米。两组人员通过报数记住自己是哪个数字。先进行练习，比如说出"松果，数字3"。那么每组的数字是3的人跑向中间，谁先拿到松果谁获胜。把松果放回原处，继续游戏。直到所有的自然物都被认知，游戏结束。这个游戏也可以用来学习某一类型的自然物，如蔬菜、水果、树叶等。

物种，生物分类的基本单位。由共同的祖先演变发展而来，是生物进化的基础。不同物种的生物在生态和形态上具有不同的特点，即使交配也不易产生有生殖能力的后代。

（《现代汉语词典》修订版）

向日葵

📄 **游戏目标：** 了解向日葵的生长特征，训练注意力，学会合作，锻炼体能

📦 **材　料：** 无

📐 **适合年龄段：** 4岁及以上

👫 **参与人数：** 10人及以上

提问

向日葵为什么会向着太阳？如果阴天了，向日葵还是向着太阳的方向吗？通过做这个游戏，大家学到了什么？什么动物最喜欢向日葵的种子？

游戏说明： 分组，每组5~8人。每组扮演一棵向日葵，大家手拉手围成一个小圈代表向日葵的花朵，一个人扮演太阳。向日葵要一直跟着太阳转；太阳可以走快一些，也可以走慢一些，可以向不同的方向走。向日葵们要集中注意力，保持着花朵的姿势不变，跟着太阳转。做这个游戏也可以提高难度，比如，昆虫或鸟来啄食，如果某组被鸟捉到一个人，这个组中的被捉的人也会变成鸟儿去捉其他的人。游戏结束后，看哪组剩下的人最多。

向日葵

向日葵又名朝阳花，因其花常朝着太阳而得名。英语名称"sunflower"得名却不是因为它的向阳特性，而是因为其黄花开似太阳。最常见的向日葵高度为2.5~3.5米，最高可达9.17米。其果实为瘦果，习惯称为种子、瓜子，俗称葵花籽，可以食用和油用。葵花籽富含不饱和脂肪酸，多种维生素和微量元素，加上其味道可口，因而成为一种十分受人们欢迎的休闲零食和食用油源。葵花籽也是很多种鸟的食物。

向日葵为何总是向着太阳

向日葵花托部的生长素背光分布，这些荷尔蒙对阳光敏感，尽一切可能寻找阴影。因而茎会向光源处弯曲。在阳光的照射下，生长素在向日葵背光一面含量升高，刺激背光面细胞拉长使向日葵头部向太阳转动。在太阳落山后，生长素重新分布，使向日葵转回东方。

植物保卫战

📄 **游戏目标：** 了解植物的自我防御措施，学会合作，训练快速反应能力，训练注意力

📦 **材　料：** 无

📶 **适合年龄段：** 4岁及以上

👥 **参与人数：** 5人及以上

游戏说明： 所有人面向外站成一圈扮演一棵植物。当风来了，大家要手拉手随风摇动并转圈（为何要大家一起手拉手，可以讨论——因为这样比较坚固，不易被风吹倒）。冰雹来了，大家一起把手伸出来，遮挡头顶。虫子来了，大家要一起伸出手晃动去防御。收割机来了，大家要迅速变换位置，重新围成一圈。这些指令可以快可以慢，大家要跟着指令快速变换方式。如果说两种情况叠加一起，比如，风和虫子一起来了，大家既要挡风，也要防虫。

植物的自卫

植物在自然界长期的生存竞争中渐渐形成了多种多样的生存防御措施，使它们在受到攻击的时候可以自卫。有些植物含有毒素，如马利筋和夹竹桃，当植物被触摸或被吃掉时，有毒物质便发挥有效的作用；有些植物利用锐利的针、刺和荆棘等作为武器，使它们的敌人不敢接近，如皂荚树；有些植物把针和毒这两种防御武器相结合，从而起到更有效的保护作用，如荨麻；还有一些植物利用拟态来保护自己，如圆石草和角石草。

提问

植物会自己保护自己吗？你们能说出几个植物保护自己的例子吗？现在人们大量使用农药会破坏生态环境，还会破坏植物的自我防御功能，你们要怎样做呢？

森林管理员

📄 **游戏目标**：练习语言表达，认识树木，锻炼观察力和想象力

📦 **材　　料**：眼罩

📊 **适合年龄段**：4岁及以上

👥 **参与人数**：16人及以上

提问

一棵树是由什么组成的？你们知道的树的叶子都是什么形状的？树皮摸上去感觉怎么样？为什么有些树的叶子秋天会变黄？森林给我们人类带来了什么？

游戏说明： 大家排成4排，每排6个人（或其他任何偶数）。每排选择一个人作为森林管理员，面向其他5人站立，其他5人去选择一棵树，这棵树应在森林管理员身后一段距离的地方。当每组选好自己的树时，便轮流去森林管理员那里。森林管理员会问一些问题，如这棵树上有叶子吗？叶子是什么形状的？叶子边缘是带刺的吗？树皮摸上去感觉怎么样？树木有多高？树叶有味道吗？然后他们走回到树那里去查看并回来告诉森林管理员答案。当本组所有的人都回答完问题后，管理员要去寻找这棵树。如果管理员找错了，可以问更多的问题，直到找到正确的树。游戏规则还可定为组员必须在规定的时间内帮助森林管理员寻找正确的树。最好让森林管理员戴上眼罩，这样当其他人跑回树前或讨论树的时候，森林管理员不会看到。找到正确的树后，森林管理员可以和其他组员互换角色，重复游戏。

树木

树木是木本植物的总称，包含乔木、灌木和木质藤本植物。树木大多数是种子植物，蕨类植物中只有树蕨为树木。中国约有8000种树木。树木的主要四部分是根、干、枝、叶。树根一般在地下，在一棵树的底部有很多根。树木可以调节气候、净化空气、防风降噪和防止水土流失、山体滑坡等自然灾害，是人类最好的朋友。

森林

以木本植物为主体的生物群落，是集中的乔木与其他植物、动物、微生物和土壤之间相互依存、相互制约，并与环境相互影响，从而形成的一个生态系统的总体。它具有丰富的物种，复杂的结构，多种多样的功能。森林被誉为"地球之肺"。森林的作用主要有调节气候、净化空气、维护生态平衡等。

叶子和大树

📄 **游戏目标：**了解不同树木和它的叶子，知道如何将

叶子与树木配对，训练注意力，训练视觉，训练语言表达

📦 **材　料：**叶子，大树图卡

📶 **适合年龄段：**4岁及以上

👥 **参与人数：**10人及以上

游戏说明：准备几种树木的叶子和若干对应的大树的图卡。大家围成一个圈，把手背在后面。老师把叶子和图卡发给大家，每个人只能看自己的叶子和图卡，手中的叶子和图卡不能让其他人看到。用语言描述的方式帮助手中的叶子找到"大树妈妈"：一个人描述自己手中的图卡中大树的叶子的形状、叶子的边缘是什么样的、叶子大小等，如果有人感觉自己拿的树叶和描述的差不多，就把手伸出来，把叶子展示给大家，拿有大树图卡的人

确定是不是自己图卡上的叶子。然后，其他拿有叶子和大树图卡的人继续这样进行，直到所有的叶子都找到大树妈妈。这个游戏也可以是分组游戏，根据要分组的组数、每组几个人，来准备叶子和大树图卡。游戏还可以由老师准备游戏区域内有的树木的叶子，然后分组，给每组3~5种树木的叶子。每人去找到叶子对应的树木，然后观察树木并说出树木的样子。

叶子的形状：常见的形状有鳞形、条形、针形、锥形、披针形、匙形、卵形、矩圆形、菱形、心形、肾形、椭圆形、三角形、圆形、扇形、剑形等。

叶子的作用

1.光合作用。光合作用中，绿色植物吸收太阳能，利用二氧化碳和水合成有机物质。光合作用是生物体内所有物质代谢和能量代谢的基础。

2.蒸腾作用。蒸腾作用有利于矿物质元素在植物体内的运转，可以降低叶片的表面温度，使其不会在强烈的日光下受到损害。

3.吸收与分泌作用。向叶面上喷水或喷洒肥料，就是利用了叶片的吸收作用。有些叶子分泌黏性的汁液和油脂，可以吸附空气中的灰尘，有些叶子还分泌杀菌素，具有杀菌驱虫的作用。

4.繁殖作用。有些植物的叶子还能进行繁殖，在叶片边缘的叶脉处可以形成不定根和不定芽。当它们自母体叶片上脱离后可独立形成新的植株。

针形　披针形　倒披针形　条形　剑形　圆形　矩圆形　椭圆形

卵形　倒卵形　匙形　扇形　镰形　心形　倒心形　肾形

提琴形　盾形　箭头形　戟形　菱形　三角形　鳞形

各种叶形

提问

你们见过的树叶都是哪些形状的？它们都是什么树的叶子？叶子的边缘是什么样的？摸摸你们手中的叶子，感觉怎么样呢？你们觉得树叶对树的作用是什么呢？

种子的传播

📄 **游戏目标：**了解种子的传播方式，学会合作，学会表演，训练想象力，训练语言表达

📦 **材　　料：**不同的种子

👣 **适合年龄段：**4岁及以上

👥 **参与人数：**6人及以上

提问

大家知道种子是怎么传播的吗？你们知道种子有哪些传播方式吗？可以用一些例子说一说种子的传播方式吗？蒲公英的种子是怎么传播的？苍耳的种子是怎么传播的？苹果的种子是怎么传播的？

游戏说明：分组。老师把种子包起来，让大家用抽签的形式选择。每组选择后获得不同的种子，然后每组要了解这是什么种子、它是怎么传播的，并且用这种种子的传播方式编一个2~3分钟的童话剧。排练好后，每组演示给大家。通过做这种游戏，大家能了解不同种子的传播方式，如有的种子粘到人或动物身上被带走，飞走，随水流走，被动物食用后随粪便排出。

种子的传播

不同的植物种子传播方法有所不同，较为常见的种子传播方法有：风力传播、水力传播、动物传播和自体传播。

风力传播：蒲公英、柳树的种子可以借助风的吹动飘荡，在别处生根发芽。

水力传播：卷心菜的种子有一个小的"救生衣"，能在搁浅之前随溪水流到离母株很远的地方。

动物传播：苍耳草、地桃花、鬼针草、倒扣草等植物表层长着倒刺，成熟后会粘在人的衣服或动物皮毛上，被带到远处，完成种子的传播。

自体传播：是靠植物本身传播。有重量的种子和果实成熟后由于重力会进行自由落体；一些蒴果及角果成熟开裂之际会产生弹射的力量，将种子弹射出去。

小园丁

📄 **游戏目标：**了解植物生长的因素，训练注意力，训练快速反应能力，想出策略，锻炼体能

📦 **材　料：**无

📊 **适合年龄段：**5岁及以上

👥 **参与人数：**10人及以上

游戏说明：选择一个区域代表花园。分成3组，一组代表植物（花儿），一组是园丁，一组是害虫或自然灾害（如冰雹、狂风暴雨、洪水等）。代表植物的组中，每个人都是一棵植物，大家彼此离开一定的距离。园丁要负责给每棵植物浇水、施肥和驱除病虫害，保护园里的植物。园丁组的人要一起行动，若浇水，要一起到某一株植物（花儿）旁做浇水动作；若施肥则做施肥的动作。如果风暴来了，大家要把植物（花儿）围起来遮挡。如果虫子来了，大家要一起去驱赶害虫。害虫和自然灾害组也是一起活动以演示某一种现象。植物（花儿）组每个人要表演不同的状态，或者整组一起表演一种状态，比如，需要浇水了，就把头和手臂垂下做打蔫的状态；需要施肥时可以摆动手臂；害虫来了，身体和手臂一起摆动；狂风暴雨来了，抱头蹲下；杂草长起来了，做挣扎状态等。可以限定时间，或每组以不同角色轮流表演一次。

植物生长

植物生长需要适宜土壤、阳光、水、适宜温度、适宜湿度、空气。大多数植物从种子状态开始发芽，然后生根，幼苗从土壤中伸出，长成真叶。

植物的叶子通过光合作用吸收阳光，将阳光转化为养分。根则从土壤中吸收养分和水分，使自身得以生长和变化。植物的身体里有运输管道，这些管道接通了根、茎、叶，将养分和水分供给植物全身。

水分怎样从植物根系到叶子

叶子不断蒸发水分，这样就会产生一种向上吸引的力量，把下面的水吸向植物的顶端。根在吸收水分的时候，也会产生一种向上的压力。一个力量向上拉，另一个力量向上压，水就源源不断地从根部向上输送。通过这种力量，水分每小时能上升几米到几十米。

植物的自我保护

植物在遇到危险时也有自我保护的机制发挥作用。比如，在干旱或严寒时，植物会通过落叶来保护自己，减少水分蒸发；有一些植物会长刺，让动物不敢靠近从而避免被吃掉；一些植物在遇到危险时会产生毒素，使昆虫等难以忍受而离开；一些植物会散发难闻的气味，使有危险的动物远离；还有一些植物会通过自动收缩来躲避暴风雨和动物的威胁等。

提问

植物生长需要什么条件？植物用什么吸收水分？植物是怎么吸收阳光的？大家知道植物是怎样保护自己的吗？通过做这个游戏，大家学到了什么？

大树的对话

📄 **游戏目标：** 了解树根的作用，

了解树木间如何进行信息传递，

学会合作，训练快速反应能力

📦 **材　料：** 无

📈 **适合年龄段：** 6岁及以上

👥 **参与人数：** 10人及以上

提问

你们走在森林里会听到大树说话吗？你觉得大树是用什么方式说话的？大树和大树之间都会说些什么话呢？在这个游戏中，你们的感受是什么？请大家有时间去森林里静静地坐下来，听一听大树的谈话吧。

游戏说明： 两个人扮演大树站在两边，其他所有人手拉手，或把手搭在对方的肩膀上扮演树根。游戏开始后大家不准说话，因此可以先讨论确定每个动作代表什么意思，比如，拍一拍代表渴了，捏一捏代表饿了，拍2下代表问候等。第一棵大树要以这种方式将信息传递给另一棵大树，另一棵大树也会回传相应的信息等。如第一棵树说"你好"，第一棵树小声（或用动作）告诉扮演树根的第一个人，第一个人拍2下第二个人，第二个人再拍2下第三个人，依次类推。这样把信息传递给另一棵大树。扮演另一棵大树的人回复"渴了"，这个人先低声告诉紧挨着的第一个人，第一个人拍一下第二个人，依次类推，把信息传递给第一棵树。通过这种方式交流，传递完信息后，可以把信息说出来，看看大家传递的信息是否准确。也可以是第一棵树和第二棵树以不同的一组人作为树根，各自讨论确认自己的信息传递方式，最后一个人用说的方式告诉另一棵大树。这个游戏结束后，大家可以分享一下游戏感想，思考并讨论一下大树是怎么进行交流的。

树木的信息传递

森林科学家进行了30多年的研究，揭示了树木有一些惊人的社交技能。事实上，树木可以彼此交流。而且它们的词汇量大得惊人。当你穿过森林时，你的脚下有几百个谈话正在进行。树木不是通过语言进行交流的，而是通过电脉冲信号进行的，正如人类的神经系统一样。在土壤下面，树根水平伸展开来，伸展的宽度至少和树的高度一样。

因为树根是向侧面延展，所以它们也会缠绕在一起，构建起与周围其他树木的联系。一棵树不仅能向它周围的树木发送电信号，还可以转述信息，即使它们中间有许多树，它们仍能彼此交流。根的这种相互连接网被人们称为"树木万维网"。

[选自《树木的秘密生命》 作者：彼得·渥雷本（Peter Wohlleben）]

四、生态系统

水生生物食物链

游戏目标： 学习水生生物食物链知识，了解水生态平衡，训练注意力，训练快速反应能力

材　　料： 无

适合年龄段： 4岁及以上

参与人数： 15人及以上

游戏说明： 一部分人代表浮游生物，挥动双臂做游动的动作，在水里到处游动；一部分人代表鱼，双手合在一起并利用手臂做游泳的动作，在水里游来游去寻找浮游生物。当鱼抓到浮游生物时，被抓到的浮游生物变成鱼继续游戏。海里还有大鲨鱼，大鲨鱼双手手掌放到一起一张一合寻找鱼作为食物。当鱼被鲨鱼抓到时，会变成鲨鱼继续游戏。在这个游戏中，浮游生物比鱼多，鲨鱼只由一个人扮演。直到浮游生物剩下几个，游戏结束。这个游戏也可以作为对自然教育的认知

或小朋友相互认识的游戏，比如，鱼抓到浮游生物，浮游生物就只能站在原地，不能行动。只有浮游生物的同伴可以解救它，解救的方式是解救的人提问自然教育的好处，或对自然教育的理解等，被解救的人回答后可以回归游戏。鱼被大鲨鱼抓到也是回答此类问题才能获得同伴的解救。

食物链

食物链也称作"营养链"。生态系统中各种生物为维持其本身的生命活动，必须以其他生物为食物的这种由生物联结起来的链锁关系就是食物链。这种摄食关系，实际上是太阳能从一种生物转到另一种生物的关系，即物质能量以食物链的方式流动和转换。一个食物链一般包括3~5个环节：一株植物，一只以植物为食的动物和一只或更多肉食动物。食物链中不同环节的生物数量相对恒定，以保持自然平衡。

水生生物

水生生物是生活在各类水体中的生物的总称。水生生物种类繁多，有各种微生物、藻类以及水生高等植物、各种无脊椎动物和脊椎动物。其生活方式也多种多样，有漂浮、浮游、游泳、固着和穴居等。有的适于淡水中生活，有的则适于海水中生活。水生生物食物链举例如下：水草—浮游生物—小虾—小鱼—大鱼。

自然教育的好处是什么？

提问　你通过做这个游戏学到了什么？如果浮游生物都被吃掉了，会发生什么问题？如果海洋里大鲨鱼越来越多，会发生什么？食物链中的某一个物种发生变化是否会影响到其他的物种，怎样影响？

陆生生物食物链

📄 **游戏目标：** 认识陆地生物食物链与生态平衡，训练快速反应能力，锻炼体能

📦 **材　料：** 无

📶 **适合年龄段：** 4岁及以上

👥 **参与人数：** 15人及以上

提问

蜘蛛的食物是什么？如果昆虫消失了，蜘蛛会怎么样？还有哪些动物是吃昆虫的？如果食物链中一个物种发生变化，会怎样影响其他物种？通过做这个游戏，你有什么感想？

游戏说明： 此游戏可以参考水生生物食物链游戏，把水生生物换成陆地生物，根据不同活动的主题来设计，比如哺乳动物主题，可以是草—野兔—狐狸；比如昆虫主题，可以是昆虫—蜘蛛—青蛙—蛇—鹰等。以昆虫主题为例，一部分人扮昆虫，做出昆虫的爬行或飞行动作；少部分人扮蜘蛛，做出蜘蛛瞪大眼睛观看的动作，一个人扮青蛙做出跳跃的动作。蜘蛛去捉昆虫，被捉到后扮昆虫的这个人变成蜘蛛继续游戏。青蛙去捉蜘蛛，捉到后被捉的人变成青蛙继续游戏。一段时间后，看看每种动物的剩余数量，让大家说一说一个物种发生变化，是怎么影响其他物种的。

陆生生物

陆生生物指完全或大部分时间在陆地上生活的生物。它们通常具备以下特点：1. 具有防止水分散失的身体结构，如爬行动物有角质的鳞或甲，昆虫有外骨骼；2. 具有支持躯体和运动的器官，有多种运动方式，如爬行、行走、跳跃、奔跑等，以便觅食和躲避敌害；3. 具有能在空气中呼吸的位于身体内部的呼吸器官，如肺和气管（蚯蚓是例外，其靠体壁呼吸）；4. 具有发达的感觉器官和神经系统，能对多变的环境做出及时的反应。

食物网

游戏目标： 认识食物网，训练注意力

材　料： 绳子，剪刀，曲别针，写着动植物名字的小纸片

适合年龄段： 4岁及以上

参与人数： 10人及以上

游戏说明： 在游戏开始前，在纸片上写上以下名字，每张纸片上写一个名字：三叶草，小麦，昆虫（吃三叶草），兔子（吃三叶草），老鼠（吃三叶草和小麦），蛇（吃老鼠），鹰（吃蛇、猫头鹰和兔子），麻雀（吃虫子），老虎（吃狐狸和兔子），青蛙（吃虫子），猫头鹰（吃兔子、老鼠和麻雀）。也可以使用其他的食物网，写上其他的名字，但要求是孩子们熟悉的名字。

让每个人选择一张纸片，并用曲别针别到上衣上，然后和大家讲解上文中的食物网，大家要围成一个圆形。把一段绳子的一头给选择三叶草的人，问选择三叶草的人，谁会吃它，然后把绳子的另一头传给选择吃三叶草的动物名称的人，如兔子，把这条绳子的两端绑到手指上。如果还有其他的动物吃三叶草，就再取一根绳子，把绳子一端再传给三叶草，另一端

传给另一个动物，直到所有吃三叶草的动物和三叶草连接在一起。当然，小麦也是用同样的方式来进行。继续这样连接直到网络形成。等网络连成，大家一起讨论哪种物种受益于哪种物种。也可以鼓励孩子去想象一下生物间存在的其他关系，如树木给鸟儿和虫子提供庇护所等。让其中的一个人拉紧绳子，这时所有人都会感觉到拉力，离这个人最近的人感觉到的最明显。讨论为什么会这样。

讨论完后，告诉大家，现在这有一种物种因为失去了生存环境而灭绝了，然后那个物种要从网中离开。把绑着这个物种的绳子也要被剪掉，其与其他人的一些连接也会消失。讨论这种变化是怎么影响其他物种的，如果这种物种的灭绝会让受益于它的物种数量减少，那么其猎物的数量就会增加。

食物网

食物网，英文food web，又称食物链网或食物循环。代表在生态系统中生物间错综复杂的网状食物关系。在生态系统中，生物之间实际的取食和被取食关系并不像食物链所表达的那么简单，实际上，多数动物的食物不是单一的，因此食物链又可以相互交错相连，构成复杂的网状关系。例如，食虫鸟不仅捕食瓢虫，还捕食蝶蛾等多种无脊椎动物，食虫鸟本身不仅会被鹰、隼捕食，而且也是猫头鹰的捕食对象，甚至其鸟卵也常常成为鼠类或其他动物的食物。

一般来说，食物网可以分为两大类：草食性食物网（grazing food web）和腐食性食物网（detrital food web）。前者始于绿色植物、藻类或有光合作用的浮游生物，并传递向植食性动物、肉食性动物。后者始于有机物碎屑（来自动植物），传递向细菌、真菌等分解者，也可以传向腐食者及其肉食动物捕食者。

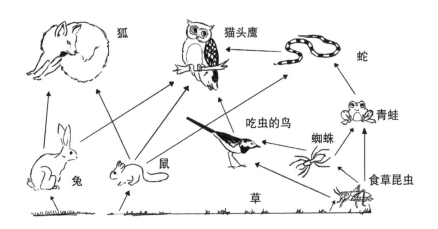

提问 如果地球上有一种物种灭绝了，其他的物种会怎么样？会对人类有什么影响？我们应该怎么做才能保持生态平衡？

塑料循环

📄 **游戏目标：** 了解塑料的生成过程，了解垃圾的循环再利用，形成保护环境的意识，训练快速反应能力

📦 **材　　料：** 图卡（海洋生物、石油、塑料瓶、垃圾）

🏋 **适合年龄段：** 4岁及以上

👥 **参与人数：** 10人及以上

提问

你知道塑料是怎么制成的吗？塑料可以回收再利用吗？你们知道现在地球上的塑料污染有多严重吗？你觉得怎样才能减少塑料的使用？

游戏说明： 在一个区域里设计4个站点（海洋生物站点、石油站点、塑料站点、垃圾站点），每个站点处挂一个图卡标志。一开始，大家都是海洋生物，用石头剪刀布决定谁胜出，胜出者跑到石油站点，形成石油；然后再以石头剪刀布决定谁胜出，胜出者跑到塑料站点，依次类推。塑料变成垃圾后，大家在垃圾站点用石头剪刀布决定谁胜出，胜出者回到海洋生物站点，重新开始。这样就形成一个循环。看谁在规定的时间内完成的循环最多。这个游戏也可以换成其他材料的游戏，如玻璃的循环再利用、纸的循环再利用等。

塑料

塑料大部分是石油等化石原料提炼后的副产品经过聚合作用形成的高分子聚合物。塑料是人类石油化工的一种产品，本身就含有许多氢原子成分。只要采用合适的催化方式，这些氢原子就可以被再度利用，转化为宝贵的燃料。面对越来越严重的塑料污染，这种变废为宝的方式或许对人类的未来有积极的意义。

彩虹伞

📄 **游戏目标：** 了解海洋生态平衡的重要性，学会合作，训练语言表达

📦 **材　料：** 彩虹伞或大块布

🔼 **适合年龄段：** 5岁及以上

👥 **参与人数：** 15人及以上

游戏说明： 在北欧，大多数学校都有彩虹伞（没有彩虹伞的可以用大块布代替），可以用来进行合作游戏，这个游戏还可以用于海洋主题。大家站成一个圆圈，每个人用手拿着彩虹伞的一部分，开始时，大家让彩虹伞变成一个有海浪的海洋。给每人一个号码，号码1~5号。所有号码是1的人代表石头，号码2代表墨角藻，号码3代表端足目动物，号码4代表鲈鱼，号码5代表北梭鱼。老师通过讲故事使游戏开始：在海洋里的石头上覆盖着很多存在1年之久的海藻（这时，所有是石头的人放开彩虹伞），石头被海藻覆盖了，石头没有了，墨

角藻的种子无法附着到石头上，墨角藻就慢慢地消失了（这时，所有是墨角藻的人松开抓住彩虹伞的手）；墨角藻是端足类动物的庇护所，当所有的端足类动物找不到庇护所时，端足类动物也消失了（所有是端足类动物的人松开手）；当海洋里再也没有端足类动物，鲈鱼就失去了食物，无法继续生存（这时，所有是鲈鱼的人松开手）；最后海洋里只剩下北梭鱼，生存环境变得非常恶劣，北梭鱼也变得不堪承受……大家是不是可以感受到现在很难支撑起彩虹伞？这时，可以结束游戏，一起讨论为什么会发生这种现象，有什么地方出错了吗？或者也可以让所有人变成"海洋生物专家"，任务是去拯救海洋。这个游戏还可以与其他主题结合起来，比如森林主题、昆虫主题等。

海洋生态平衡对人类的影响

海洋生物与海洋环境之间以及各种海洋生物群落之间，在能量流动和物质循环、信息传递以及海洋生物种类和数量相对稳定等方面，在一定时期内呈现一种相对平衡状态，即海洋生态平衡。

海洋生态系统对人类的作用巨大，其服务功能及其生态价值是地球生命支持系统的重要组成部分，也是社会与环境可持续发展的基本要素。海洋生态平衡维持了人类赖以生存的生命支持系统，维持生命物质的生物地化循环与水文循环，维持生物物种与遗传多样性，净化环境，维持大气化学的平衡与稳定；海洋生态系统中的浮游植物提供地球大部分的氧气；海洋中富有多种生物资源，为地球水循环的主要部分。这几个主要的循环，直接影响着所有生物的存活。海洋生态系统一旦失衡，势必引起这些生命元素循环的紊乱，因此，保护海洋生态系统，是维持地球生物圈稳定的重要工作。

提问

为什么最后我们很难支撑起彩虹伞？有什么地方出现问题了吗？如果海洋里有一种物种灭绝了，会发生什么呢？大家可以想一想海洋生态平衡对人类有多重要。通过这个游戏，大家学到了什么？

食物链顶端（有毒物质）

📄 **游戏目标：** 认识食物链之间的相互影响，了解食物链的顶端与底端的关系，了解污染对生物以及人类的影响，训练注意力，训练快速反应能力，锻炼体能

📦 **材　　料：** 不同颜色的毛线段或自然物

📈 **适合年龄段：** 5岁及以上

👥 **参与人数：** 15人及以上

游戏说明： 大家围成一圈，老师给大家讲解水生食物链以及海洋生态平衡，让大家了解食物链的顶端与底端。选择一个人扮演大鲨鱼，3个人扮演大鱼，6个人扮演小鱼，其他所有人扮演浮游生物。浮游生物数量要至少是小鱼的2倍，小鱼数量要是大鱼的2倍。海水被污染了，里面有很多有毒有害物质，首先被影响的是食物链底端的那些浮游生物。给每个浮游生物发一根不同颜色的毛线段，代表着污染物和有毒物质。浮游生物挥动双臂在水里到处游动；小鱼3个人一组代表一个鱼群手拉手做游泳动作寻找浮游生物；大鱼双手合在一起并利用手臂做游泳的动作，在水里游来游去寻找小鱼；大鲨鱼双手上下一

张一合寻找大鱼作为食物。浮游生物被小鱼捉住后，把手中的毛线交给小鱼，然后跑一圈再拿一根毛线继续游戏。小鱼被大鱼捉住后，如果手上已经有几根毛线，就把其中一根交给大鱼。大鱼被鲨鱼捉住后，把所有毛线交给鲨鱼。一段时间后游戏结束，看看大家手上的毛线还有多少。虽然大鲨鱼只有一条，但它手上的毛线是最多的，说明食物链的底端生物中毒后，毒素最终都会累积到食物链的顶端。和大家一起讨论食物链的这种现象，想想为什么海洋污染会对人类有影响。大家一起分享一下自己的想法，讨论怎么才能减少水污染，保持生态平衡。这个游戏也可以改成每种物种被捉住后变成对方物种继续游戏。

生态系统

大鱼　　小鱼　　　大鲨鱼　　大鱼

生态系统简称ECO，是ecosystem的缩写，指在自然界的一定空间内，生物与环境构成的统一整体。在这个统一整体中，生物与环境相互影响、相互制约，并在一定时期内处于相对稳定的动态平衡状态。

生态系统中生物的种类

生态系统中的生物种类繁多，并且这些生物在生态系统中分别扮演着不同的角色。根据它们在能量和物质运动中所起的作用，可以将它们归纳为生产者、消费者和分解者三类。

生产者主要为绿色植物，是能用无机物制造营养物质的自养生物，这种过程就是光合作用。

消费者属于异养生物，指那些以其他生物或有机物为食的动物。根据食性的不同，可以将其区分为食草动物和食肉动物两大类。

分解者也是异养生物，主要是各种细菌和真菌，也包括某些原生动物及腐食性动物（如食枯木的甲虫、白蚁，以及蚯蚓和一些软体动物等）。它们把复杂的动植物残体分解为简单的化合物，最后分解成无机物归还到环境中去被生产者再利用。

海洋污染对人类的影响

海洋污染对人类影响有很多，如使海洋生物体内聚积毒素，人食用后会得病；使海产减少，危及人类的食物源数量；使浮游生物死亡，海洋吸收二氧化碳能力降低，加速温室效应；使海洋生物死亡或发生畸形，改变整个海洋的生态平衡。

提问

为什么最后大鲨鱼身上的毒素最多？如果浮游生物都被污染而死亡了，海洋里会发生什么？为什么海洋污染也会影响我们人类？我们怎么做才能减少海洋污染，保护水资源？

栖息地

📄 **游戏目标：** 了解不同种类的自然栖息地，学会合作，训练反应能力，激发创意，学习表演，训练注意力

📦 **材　　料：** 无

📏 **适合年龄段：** 5岁及以上

👥 **参与人数：** 6人及以上

游戏说明： 分组，每组6～8人。每组要合作创造不同种类的自然栖息地。老师会给每组布置任务，明确去创造哪种类型的栖息地。如果给的任务是创造森林栖息地，这个小组的成员就需要去找合适的环境位置，用他们自己去扮演不同的角色，如有的扮演树木，有的扮演风，有的扮演森林里的小动物等。大家可以自己排练一下。然后，每组表演给其他组，让其他组猜他们创建的是什么样的环境。

栖息地

栖息地是指物理和生物的环境因素的总和，包括光线、湿度、筑巢地点等，所有这些因素一起构成适宜于动物居住的某一特殊场所。它能够满足提供食物和防御捕食者等条件。各种动物按照自己喜爱的环境条件来选择栖息地。

提问

我们的栖息地是什么样的？动物们是怎样选择自己的栖息地的？怎样让我们的栖息地更适合我们生活？我们能做些什么来保护动物的栖息地？

自然物地图

📄 **游戏目标：** 激发创意，认识周围自然特

征，学习定向，学会合作

📦 **材　　料：** 自然物

📋 **适合年龄段：** 5岁及以上

👥 **参与人数：** 5人及以上

游戏说明： 大家围成一个圈，如果人多可以分组进行游戏。首先，在圈中间放一块石头，或者其他比较明显的自然物，代表中心位置。请每个人找两根木棍，一根木棍要比自己的胳膊长，另一个根木棍是这根木棍的一半长，然后把它们放到地上，围绕中心位置用长木棍围成一个圆形，并用短木棍像切开比萨一样把圆形分成几小块。每个人选择圆形中的一块，然后向后转，向前直行50米，每走10步，捡一个这个区域里有代表性的自然物（比如橡树叶、苔藓、石头等）。当每人收集到5种自然物时，返回圆形处，将在最近处找到的物品放到离圆形中心最近的地方，然后根据远

近依次放其他的物品。当所有的人都把找到的物品放到圆形里时，就创造了一个此区域的自然物地图。区域里的自然物是这一带特有的或有代表性的。远古的人类用这种方式来定向，以便在他们需要什么东西的时候可以知道向哪个方向去寻找。这个游戏也可以用分组的形式，每组找一个区域，创造自己组的自然物地图。这个自然物地图也可以是用自然物搭建本区域代表性的建筑、树木等。

自然特征（natural feature）

自然特征用来描述一个地方的地形、气候、土壤、植被、水文特征。它是自然地理学上的一个概念。开展自然教育要学会利用周围环境作为教育的资源，可以和孩子一起探索，观察和了解周围环境，还可以把环境中的植物、动物、昆虫、鸟类等做成图鉴，并设计相应的自然教育活动。

提问

根据自然物地图，大家能了解到什么？大家还有更好的方法来制作自然物地图吗？自然物地图的功能还有什么？

五、光和天气

镜子中的我

游戏目标：认识平面镜成像的原理，训练注意力，学会合作，训练快速反应能力

材　　料：无

适合年龄段：4岁及以上

参与人数：10人及以上

提问

照镜子的时候，镜子中的人和自己一样吗？镜子是怎么成像的？通过玩这个游戏，大家有什么感受？两个人怎么能更好地配合？

游戏说明： 2个人一组，面对面站着，一人扮演镜子里的图像，一人扮演照镜子的人。游戏开始前，给大家讲一下平面镜成像的原理、镜子里的像和物的关系等。游戏开始时，镜子里的像要做和照镜子人相反或相同的动作，比如，照镜子的人做伸出右胳膊的动作，镜子中的人要做伸出左胳膊的动作，照镜子的人踢左腿，镜子中的人要踢右腿，但如果照镜子的人蹲下，镜子中的人也要蹲下，因此要观察哪些动作是需要做相反的动作，哪些动作是要做相同的动作。可以先演示，然后让大家自由练习。然后，镜子中的人站一排，照镜子的人站一排，两排人面对面，由老师或指定某人说一种动作，照镜子的人要做这种动作，镜子中的人要做相反或相同的动作，看看大家做得怎么样。游戏过程中可以调整快慢或动作的难度等。

平面镜成像

太阳或者灯的光照射到人的身上，被反射到镜面上（这是漫反射）。平面镜又将光反射到人的眼睛里，因此我们看到了自己在平面镜中的虚像。照镜子就是这样的原理。平面镜中的像是由反射光的延长线交点形成的，所以平面镜中的像是虚像。虚像与物体等大，与平面镜距离相等，所以像和物体对镜面来说是对称的。

平面镜成像的特点如下。

1. 物体在平面镜内成正立、等大、等距的虚像。

2. 像和物的连线与镜面垂直。

3. 像到平面镜的距离等于物到平面镜的距离。

4. 像和物关于平面镜对称。

5. 虚像不能用光屏承接。

6. 像与物的大小相等、上下一致、左右相反。

光与影子

📄 **游戏目标：** 认识与感知光与影子的关系，训练注意力，训练快速反应能力，想出策略

📦 **材　料：** 无

🔼 **适合年龄段：** 5岁及以上

👥 **参与人数：** 9人及以上

游戏说明： 3个人一组。每组一个人扮演光，一个人扮演影子。当光在动的时候，影子也要跟着移动，但是影子移动的方向要与光移动的方向对应。当人在动、光不动的时候，影子也要跟着动。这个游戏可以先从简单的开始：光不动，人和影子动；人不动，光和影子动；光、人、影子一起动。这个游戏也可以是模仿影子的长短，比如，人蹲下的时候，影子也要蹲下；光线变矮的时候，影子会变长（光线蹲下，影子站起来或者站着的时候把手举高）。人还可以在光线下做不同的动作，影子也要模仿做相同的动作。

影子

光线在同种均匀介质中沿直线传播，不能穿过不透明物体形成的较暗区域就是我们常说的影子。影子是一种光学现象。影子分本影和半影两种。影子的长度和光线的高度有关，光源高，则影子短；光源矮，则影子长（这里说的光是可见光）。

光

影子　人

影子

人

光

提问

　　影子是怎么形成的？你们有观察一天中不同时间太阳下的影子有什么变化吗？物体在动的时候，影子也会产生一样的变化吗？什么时候影子会变长，什么时候影子会变短呢？大家可以通过做实验观察一下。

造彩虹（彩虹制造者）

游戏目标： 学习彩虹和虹霓的形成以及颜色排序知识，训练注意力，训练快速反应能力，学会合作

材　　料： 颜色卡，不同颜色的自然物（或7种颜色的不同长短的彩带）

适合年龄段： 6岁及以上

参与人数： 7人及以上

游戏说明： 在这个游戏开始之前，让大家说一说彩虹的颜色，彩虹是怎么形成的，彩虹和虹霓的区别等。接着，给每人发一张颜色卡，让大家去寻找和颜色卡颜色一样的自然物。大家回到集合点后，拿有相同颜色自然物的人站在一排，一共7排。大家把自然物和颜色卡拿在手中，这样就形成一道彩虹。当老师说"彩虹变虹霓"时，所有人迅速改变位置，变成相反顺序站立。当老师说"虹霓变彩虹"时，大家再变回来。这个游戏也可以用7种颜色的彩带代替自然物。给每人发一条不同颜色的彩带，当老师发指令说"形成彩虹"时，所有人按彩虹7种不同颜色排成7排（可以前排蹲下，后排站立着，形成彩虹的弧度）。当老师发指令让"彩虹变虹霓"时，大家迅速变换顺序。重复几次，游戏结束。

彩虹

彩虹是阳光折射以及色散形成的一种现象。太阳的光照射到天空中的小雨滴上，形成了折射，加上光的色散，形成了七色的彩虹。其实只要空气中有水滴，而阳光正在观察者的背后以低角度照射，就可能产生可以观察到的彩虹现象。彩虹最常在下午、雨后刚转天晴时出现。这时，空气内尘埃少而充满小水滴，天空的一边因为仍有雨云而较暗，而观察者头上或背后已没有云的遮挡而可见阳光，这样彩虹便较容易被看到。在瀑布的附近也经常会看到彩虹。

如果在晴朗的天气下背对阳光在空中洒水或喷洒水雾，就可以制造人工彩虹了。

虹霓

虹霓是由于太阳光射到球形雨滴上，经雨滴折射、色散、内反射的综合效应所产生的。太阳光经雨滴一次内反射、两次折射而形成的叫作主虹，通称为虹，比较明亮，颜色为外红内紫；太阳光经雨滴两次反射、两次折射而形成的叫作次虹，通称为霓，比较暗淡，颜色和虹恰好相反，外紫内红。

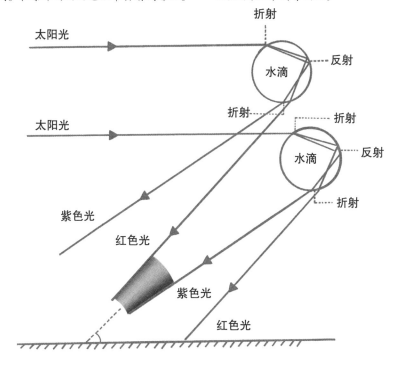

彩虹形成示意图

提问

彩虹有几种颜色？它们的排列顺序是怎样的？彩虹和虹霓有什么不同？彩虹是怎么形成的？大家看到过的彩虹是什么样子的？

温室气体

📄 **游戏目标:** 了解温室气体排放对地球的影响,了解碳中和、碳达峰等节能减排方法,训练注意力,训练快速反应能力

📦 **材　料:** 无

🔼 **适合年龄段:** 6岁及以上

👥 **参与人数:** 15人及以上

游戏说明: 让大家围成一个圈,给大家讲解温室效应和二氧化碳排放对地球的影响。讲解完毕,把小朋友分2组,一组扮演大气中的二氧化碳,一组扮演地球的热辐射长波。扮演二氧化碳的人站成一圈,在圈上来回走动,就像地球上的大气层;扮演长波的人要找准机会跑到大气层的外面,跑出去的人也变成二氧化碳,站在圈上。圈上的人越来越多,长波想跑出去就会越来越难,所以地球上的热量越来越多,温度就会升高。做这个游戏也可以分3组,第三组扮演太阳光线的短波,要从大气中进入地球,跑到圈里后变成长波。地球上的长波要跑到外面,二氧化碳越来越多,越来越多的长波就会跑不出去,只能在圈里转,找机会出去。二氧化碳增加很

多时，结束这个游戏。结束后，大家一起分享游戏时的感悟和对温室效应的理解。

温室效应（greenhouse effect）

温室效应是指大气的保温效应，俗称"花房效应"。大气能使太阳短波辐射到达地面，但地表向外散发的长波热辐射却被大气吸收，这样就使地表和低层大气温度升高，因其作用类似于栽农作物的温室，故名温室效应。

碳中和（carbon neutrality）

碳中和是节能减排术语，是指企业、团体或个人测算在一定时间内，直接或间接产生的温室气体排放总量通过植树造林、节能减排等形式抵消，实现二氧化碳的"零排放"。

碳达峰（peak carbon dioxide emissions）

碳达峰是指在某一个时点，二氧化碳的排放不再增长而达到峰值，之后逐步回落。

温室气体（如二氧化碳）好像毯子般，把热能困于地球表面

温室气体

地面变得越来越热

提问

温室效应是怎么形成的？为何大气中的二氧化碳越来越多？地球温度上升对人类和地球上的生物有什么影响？现在国家提倡碳中和与碳达峰，大家知道这两个概念是什么意思吗？通过这个游戏，你们有什么感想呢？

光合作用

📄 **游戏目标：** 了解光合作用的过程，训练

注意力，锻炼体能，学会合作

📦 **材　料：** 鸡蛋盒若干，光合作用生成

糖图卡，红色、黄色和白色的小球若干

🔼 **适合年龄段：** 7岁及以上

👥 **参与人数：** 10人及以上

游戏说明： 分组，每组分发鸡蛋盒与光合作用图卡。准备红、黄、白色小球若干。红色小球代表O，黄色小球代表C，白色小球代表H。使用24个鸡蛋的蛋盒或者自己拼剪出24个鸡蛋的蛋盒。把三种颜色的小球按比例放在一个位置，给每组发2~4个收集CO_2和H_2O的蛋盒（自己裁剪成）。给每组发一张糖的分子式图卡和24个鸡蛋的蛋盒，放到与小球有一定距离的地方。听到开始指令后，每组的人去取不同颜色的小球放到自己的采集蛋盒（即收集CO_2和H_2O的蛋盒）里，然后返回，根据图卡所示的位置把相同颜色的小球放入24个鸡蛋的蛋盒中，其他颜色的放到外面。等24个位置都放满小球后，大家可以查看光合作用形成了什么。多余的小球就是光合作用生成的氧气，也

是我们人类生存所需要的。给大家讲一下光合作用的过程，光合作用里的能量转换，以及植物光合作用和人类的关系等。

光合作用

绿色植物利用太阳的光能，同化二氧化碳（CO_2）和水（H_2O）制造有机物质并释放氧气的过程，被称为光合作用。光合作用所产生的有机物主要是碳水化合物，并释放出能量。光合作用的分子式是：$CO_2+H_2O=CH_2O+O_2$。

光合作用中产生的糖会被运输到植物的枝、茎或根，在那里，它们被转化成纤维素、淀粉或油。

光合作用把太阳能转变为化学能，储存在所形成的有机化合物中。有机物中所存储的化学能除了供植物本身和全部异养生物用外，还是给人类提供营养和活动的能量来源。

黄色小球
红色小球
白色小球

光合作用图卡   光合作用游戏鸡蛋盒设计（CO_2 和 H_2O）

提问

什么是光合作用？光合作用与人类有什么关系？我们怎么能得到足够的氧气？光合作用中产生的糖去哪儿了？光合作用中，能量是怎么转换的？

聆听声音

游戏说明：在自然中，大家闭上眼睛，把两只手放到头顶，认真地听来自大自然的各种声音。每当听到一种声音时，就伸出一个手指，最后数一数自己听到了多少种声音、都是什么的声音，也可以把听到的声音模仿出来。这个游戏过程中也可以用纸笔进行记录，每听到一种声音就画一个点或对勾，然后数一数共听到了几种声音。

📄 **游戏目标：** 训练听觉，训练注意力，训练记忆力，训练数学能力，培养方向感

📦 **材　　料：** 无

🔼 **适合年龄段：** 3岁及以上

👥 **参与人数：** 1人及以上

提问

有人听到6种以上的声音吗？它们都是什么声音？声音分别来自哪个方向？你能把听到的声音模仿出来吗？

声音地图

📄 **游戏目标**：培养方向感，训练听觉，训练记忆力，锻炼想象力，激发创意

📦 **材　　料**：纸和笔（每人一份）

📶 **适合年龄段**：4岁及以上

👥 **参与人数**：1人及以上

游戏说明： 给每个人发一张纸和一支笔。每个人找一个自己喜欢的地方，在纸的中间画上一个头像或其他标志代表自己，以头像为中心的各个方向代表听到声音的方向。闭上眼睛，每当听到一种声音，就在听到声音的方向上画上听到的声音的形态，比如，自己感觉声音是波浪形还是点状，或其他形状。时间为5分钟，5分钟到了后，会有老师去叫大家回来。大家展示自己的声音地图是什么样子，大家可以互相分享听到了哪些声音，声音来自哪个方向，以及声音的形状是什么样的。

提问

大家都听到了多少种声音？这些声音来自哪个方向？你感觉这种声音有形状吗？它是什么形状的呢？你的声音地图还可以做成什么样子？

声音在哪里

📄 **游戏目标：**培养方向感，训练听觉，训练记忆力，学会合作

📦 **材　料：**眼罩

👣 **适合年龄段：**5岁及以上

👥 **参与人数：**10人及以上

提问

盲人是通过什么辨别方向的？蒙着眼睛的时候听声音和睁开眼睛听声音有什么不同？怎样才能更好地辨别声音的方向？自己发出的声音怎样才能不被他人听到？

游戏说明：在一个特定的区域内，大家围成一个圈。有一个人在中间蒙着眼睛，圈上的人都不能说话。老师指向某一个人，这个人要发出一次声音，然后中间戴着眼罩的人去辨认发出声音的方向。如果指对了，互换角色。几轮过后可以增加难度，比如依次发出3种声音，中间戴眼罩的人要按顺序指出发出声音的三个人的位置；也可以用金属勺子或口哨来发出声音。这个游戏也可以是有一个人蒙上眼睛或闭着眼睛站在前面，其他的人站在与他有一定的距离（比如10米）的地方。老师用手势发指令后，所有人都试着用最轻的脚步，不发出任何声音地走向前面站立的那个人。当那个人听到声音后转身往后指，被指到的人就要停止在那里不动，看谁走到蒙眼人的身边而没有被听到声音。可以互换几次，让每个人都感受一下。

听觉

听觉是声音通过听觉系统的感受和分析引起的感觉。听觉器官是耳。耳的结构分为外耳、中耳和内耳三部分，其中外耳和中耳是传音系统，内耳是感音系统。物体振动发出的声音通过空气的传播，经外耳、中耳和内耳的传导系统，引起耳蜗内淋巴液和基底膜纤维的振动，并由此激起听觉细胞的兴奋，产生神经冲动。冲动沿着听觉神经传到丘脑后内侧膝状体，交换神经元后进入大脑皮层听区（颞上回），产生听觉。声波有频率、振幅和波形的特性，由此决定听觉的音高（音调）、音响（音强）和音色（音质）。

感官小剧场

📄 **游戏目标：** 运用五感感知

自然，激发创意，培养想象力，

学会合作，进行故事创编

📦 **材　　料：** 自然物

🔼 **适合年龄段：** 5岁及以上

👥 **参与人数：** 10人及以上

游戏说明： 分成2组。每组要捡一些自然物作为演员，编写一个戏剧，然后用自然物以感知的方式演给另一组，比如柔软的物体，可以把柔软的东西放到对方的手上触摸；风来了，可以用大片的叶子扇出风来，等等。另一组作为观众要闭着眼睛，用其余感官去欣赏对方的剧目，本轮游戏结束两组互换。这个小剧场游戏可以是每组用自然物自由发挥，也可以给每组一个任务单，指定各组找到任务单里的自然物，然后用这些自然物来做演员。两组在演之前可以先排练一下，并编出故事。在演出的时候，由一个人作为旁白，把故事讲出来。

五感

视觉、听觉、味觉、嗅觉、触觉组成人的五种基本感觉。它们对应的感觉器官是眼睛、耳朵、嘴、鼻子和皮肤。通过在户外活动中运用视觉、听觉、嗅觉、味觉、触觉这五种感觉，全感官、全方位地去感受自然、体验活动，从中获得相关的知识与经验，会让记忆更深刻，能获得更好的学习效果。

提问

我们的主要感官都有哪些？说一说我们的眼睛、耳朵、嘴、鼻子、手的作用。我们是怎样感知身边事物的？如果世界上所有的人都失去了光明，会怎么样？你的哪种感觉最灵敏？

地图寻宝

📄 **游戏目标：** 确定方位，进行定向

运动，培养空间意识，提高判断准确

性，培养方向感

📦 **材　　料：** 纸，笔，自然物或其他

准备好的物品

👣 **适合年龄段：** 5岁及以上

👥 **参与人数：** 10人及以上

地图上的方向：上北、下南、左西、右东

提问

　　你觉得怎么画地图更容易？在地图中是怎么识别方向的？怎样更容易地找到宝物？你知道哪些在户外辨别方向的方法？

　　游戏说明： 分组，每组选择一个区域，把一种或几种物品藏起来，然后画出藏宝地图。在地图上标明哪个标志代表哪个物体，如什么标志代表小山，什么代表树，什么代表石头等。也可以配备指南针，用来辅助地图辨别方向。组与组之间交换地图，根据地图寻找到藏起来的宝物（要知道怎么用地图辨别方向，并且认识地图中的重要标志物等）。找到第一件物品后，可以给出提示，根据提示找到第二件物品，依次类推。通过这个游戏，孩子们可以学习地图的绘制、认识标志物以及学习在户外如何辨别方向。

定向地图

　　定向地图是定向运动所使用的地图，是地形图的一种，提供极为详尽的地表资讯，作为定向选手在比赛过程中定位与导航的依据。定向地图比传统地形图包含更多的资讯，并使用一套标准符号绘制，让使用任何语言的人都可以了解。除以等高线表示地形的起伏外，定向地图还包含森林密度及水文、空旷地、小径、道路、土堤、石墙、冲沟、渠道、井、坑、围篱、输电线、人造物、建筑、大石与其他地表上的资讯。定向地图采用1∶15000或是1∶10000的比例尺。

户外辨别方向的方法

　　利用指北针辨别方向，把指北针放平，磁极N极指的方向就是北方；白天可以利用太阳的方向辨别，日出方向为东方，日落方向为西方；晚上可以用观星的方法辨别，找到北极星，北极星的方向在天空的北方；利用树木的叶子判断，树叶浓密的一方是南方；用树木的年轮判断，宽的一面是南方，窄的一面是北方；利用积雪辨别，雪融化比较多的一方是南方。

空间感训练

📄 **游戏目标**：培养空间意识，培养方向感，锻炼记忆力和注意力

📦 **材　　料**：眼罩

🔼 **适合年龄段**：6岁及以上

👥 **参与人数**：2人及以上

提问

戴着眼罩时，其他的感官是不是更灵敏？怎样才能更好地记住方向？

游戏说明：在一个空旷的区域里开展游戏。2人一组，一个人戴上眼罩，一个人在一旁跟着引导。例如，标记好出发点后引导者提示："向前走10步，左转，向前走5步，左转，向前走8步，右转，向前走10步，到达目的地。"然后戴着眼罩的人要根据记忆原路返回，返回时引导者须跟在旁边但不说话。完成返回路线后，戴着眼罩的人摘掉眼罩，看看是否回到原点，还是偏离很多。然后，两人互换角色。

做这个游戏也可以不标记原点，以一个自然物为起点，回程时可以摘掉眼罩，看是否可以找到正确的起点。

空间感

空间感是指对方位、色彩、线条、形状、形式、空间以及它们之间关系的直观感觉，是对事物立体的、宏观的把握，同时还包含了对头脑中的视觉影像的操作、想象和创造能力。事实证明，若孩子具有很强的空间感，会对其智力启发和以后的学习打下良好的基础。越早培养孩子的空间感，孩子受益越多。

Tuka Youxi

伍

认识物种
图卡游戏

RENSHI WUZHONG

TUKA YOUXI

自然教育游戏可以用图卡作为材料，这样也能更好地体现游戏的视觉效果。

图卡游戏中的图卡可以自己设计打印，也可以从网上买现有的图卡，或者可以是老师和孩子们一起制作。不同游戏可以使用不同的物种的图卡，以配合不同活动的主题。有一些游戏也可以让孩子们自己设计图卡，这样大家玩起来会觉得更有趣！除了后文介绍的这些游戏，大家也可以自己设计图卡游戏，并且图卡也是非常好的分组游戏的物料！

蔬菜认知

📄 **游戏目标：** 认识蔬菜和其营养

价值，训练注意力，训练记忆力，

训练快速反应能力，锻炼体能

📦 **材　　料：** 不同种蔬菜图卡若

干，5种动物图卡若干（每种图卡的

数量根据人数准备，5人一组，动物

图卡可为兔子、牛、羊、猪、猴子

的图卡，也可以选择其他的动物）

📶 **适合年龄段：** 3岁及以上

👥 **参与人数：** 10人及以上

游戏说明： 大家围成一个圈，把所有的蔬菜图卡正面向上放到地上。大家先认识一下蔬菜的名称。用动物图卡进行分组，让所有人把手背到后面，给每个人发一张动物图卡。发完以后，让每人找到拥有和自己不一样的动物图卡的人组成一组。每组5人，每组里都有5种不同的动物。5个人各代表一种不同的动物，要记住自己手上动物的名称。当老师说出一种动物名称并说出一种蔬菜名称时，对应动物名称的组员要快速地去找到相应的蔬菜图卡并带回自己的组，继续游戏（如说"兔子，青菜"，所有手里拿着兔子图卡的人要尽快拿到青菜的图卡）。相同物种的图卡数量可以比组数少一些，或者只准备一张，看哪组的人能快速找到并拿到。做这个游戏也可以使用其他物种图卡，动物图卡也可以换成数字卡片。

常见蔬菜名称： 胡萝卜、菠菜、油菜、西兰花、韭菜、花菜、白菜、包菜、芹菜、辣椒、西芹、木耳、蒜薹、生菜、蒜苗、水芹、茼蒿、芥菜、油菜、豆苗、小青菜、紫甘蓝、小白菜、娃娃菜、空心菜、青豆、毛豆、扁豆、豌豆、蚕豆、四季豆、绿豆芽、黄豆芽、香菇、草菇、平菇、金针菇、杏鲍菇、小平菇、冬瓜、南瓜、黄瓜、丝瓜、苦瓜、菜瓜、大葱、蒜、生姜、小葱、洋葱、山药、芋头、魔芋、红薯、紫薯、土豆、莲藕、白萝卜、银耳、玉米、甜椒、小米椒、芦笋、竹笋、茭白、贡菜、茴香、百合、茄子、番茄、菱角、罗汉菜、木耳菜、花椰菜、朝天椒、灯笼椒等。

提问

你认识多少种蔬菜？你最喜欢吃哪些蔬菜，它们有哪些营养价值呢？我们为什么要多吃蔬菜水果？动物也喜欢吃蔬菜吗？

宾果游戏

游戏目标： 训练记忆力，训练迅速反应能力，认知物种，进行对比

材料： 图卡和图卡板

适合年龄段： 3岁及以上

参与人数： 10人及以上

游戏说明： 把多种物种的图卡表打印出来，数量是组数的2倍。分组。图卡板放到每组的前面，将图卡表剪成一张一张的图卡放到地上（图卡数要多于图卡板上的物种数，每张图卡是不一样的），离图卡板有一个合适距离。游戏开始后，每组一个人跑去拿一张图卡放到图卡板的相同物种的对应位置上。如果图卡板上没有此图片，组员则需要把这张卡放回原来的地方，然后下一个组员重新取卡。目标是以最快的速度找到图卡板上所有的图卡。图卡板上所有的图卡找到后喊"宾果"。每组都找到后游戏结束。游戏结束后，大家一起讨论图卡板中所有的物种的特征以及它们与人类的关系等。

宾果 Bingo 游戏是一种填写格子的游戏。以游戏第一个成功者喊"宾果"表示取胜而得名。宾果游戏类似五子棋游戏，从横、竖、斜三个方向看都是三个格，所以也叫作"三子棋"或者"九宫格"。谁最快在横、竖、对角线任意一个方向将三个格子连成一条直线，谁就赢了。

提问

今天大家又认识了哪些新物种？它们有哪些特征呢？它们与人类的关系是怎样的？通过做这个游戏，大家的感受是什么？

蝇子拍

📄 **游戏目标**：物种认知，训练注意力，训练速度，训练反应能力，训练精细动作

📦 **材　　料**：蝇子拍，物种图卡

📆 **适合年龄段**：3岁及以上

👥 **参与人数**：5人及以上

游戏说明：分组，每组4~8人。每组人站成一个圈。把物种的图卡放到圈内，图面朝上。给每组中的两个人每人一个蝇子拍。其他的组员依次介绍物种的名称，比如，当一人说到"蝴蝶"，手拿蝇子拍的人就要以最快的速度去拍打蝴蝶的图卡，最快拍到图卡的人获得图卡，最后看谁获得的图卡最多，然后，互换角色。这个游戏也可以是认识某一种特定的物种的游戏，如昆虫、鸟类、树木等。老师可以和孩子们一起制作蝇子拍，或者用一种自然物代替等。

物种

物种是互交繁殖的相同生物形成的自然群体，与其他相似群体在生殖上相互隔离，并在自然界占据一定的生态位。物种指一个动物或植物群，其所有成员在形态上极为相似，以至可以认为它们是一些变异很小的相同的有机体，它们中的各个成员可以正常交配并繁育出有生殖能力的后代。物种是生物分类的基本单元，也是生物繁殖的基本单元。物种分类通常包括7个主要等级：界、门、纲、目、科、属、种（物种）。

提问

你拍到了多少物种？你知道物种是什么吗？生物学中的物种是怎么分类的呢？这个游戏需要具有怎样的能力才能获胜？

"海豚、海豚、海豚"

游戏目标： 海洋生物认知，训练速度，训练快速反应能力，训练注意力

材　料： 海洋生物图卡

适合年龄段： 3岁及以上

参与人数： 5人及以上

提问

你知道多少种海洋生物？海洋生物有什么特征？你学到了多少海洋生物的名称？在这个游戏中怎么做能获得高分？

游戏说明： 大家围成一个圈。给每个人发一张海洋动物图卡，或者每个人自己抽选一张图卡。每个人把手中的图卡放到面前，让其他人都能看到。圈的中间站一个人，可以看到每个人手中的图卡。中间的人说出某个人手中图卡的物种名称3次，如"海豚、海豚、海豚"，那么手中拿有海豚图卡的人要在他说完3次之前蹲下，或做其他的动作（如跳三下、拍拍手、跺跺脚等）。如果他们做得足够快，可以获得1分。最后，看谁获得的分数最高。也可以是如果反应比较慢就和中间的人互换角色。要提前设定好做哪种动作的规则。

海洋生物

海洋生物是指海洋里有生命的物种，包括海洋动物、海洋植物、微生物及病毒等。海洋动物包括无脊椎动物和脊椎动物，其中无脊椎动物包括各种螺类和贝类，脊椎动物包括各种鱼类和大型海洋动物，如鲸鱼、鲨鱼等。我国海域的海洋生物按照分布情况大致可以分为水域海洋生物和滩涂海洋生物两大类。鱼类、头足类（如我们常吃的乌贼，也叫墨鱼）和虾、蟹类是最主要的水域海洋生物。其中由于鱼类的品种最多，数量最大，因此鱼类构成了水域海洋生物的主体。

虫子名称

📄 **游戏目标：** 学习虫子名称，训练注意力，训练快速反应能力

📦 **材　　料：** 虫子图卡

👫 **适合年龄段：** 4岁及以上

👨‍👩‍👧 **参与人数：** 6人及以上

提问

你们知道哪些虫子名称？你们觉得什么样的动物是昆虫呢？说出几种常见昆虫的名称。蜘蛛是昆虫吗？虫子都生活在什么地方呢？做这个游戏，大家有什么感受？

游戏说明： 大家围成一圈。给每个人发一张虫子图卡。所有的人把图卡拿在手中，让其他人可以看到图卡中的虫子。选择一个人站在中间作为发指令者，手拿报纸卷。指定圈中的某一个人先说出其他人手上虫子的名字，中间的人去拍一下那个拿着这种虫子图卡的人（如某一个人说蝴蝶，中间人就要赶紧拿报纸卷去拍拿有蝴蝶图卡的人）。在那个人说出其他虫子名称之前，如果拍不到，就赶紧拍下一个，如果拍到了，两人互换位置。换到圈上的人说另一个虫子的名称，比如说蚯蚓，中间的人要去拍蚯蚓图卡的人。如果没有拍到，拿有蚯蚓图卡的人要说出另一个虫子的名称，如蚂蚁，那么中间的人就要赶紧去拍蚂蚁图卡的人。可以让大家自己在一张纸上画上一种虫子并且写上虫子名称（或者直接写上虫子名称发给大家）。

虫子

虫子并不是一个科学术语，我们认为的虫子包括昆虫、蜘蛛、甲壳类动物、软体动物、两栖动物、爬行动物和较少的几种其他动物。其中，昆虫是地球上数量最多的动物。

虫子名称

瓢虫、苍蝇、蚊子、蚯蚓、蜻蜓、毛毛虫、蛾子、蚂蚁、蜜蜂、马蜂、黄蜂、白蚁、蜈蚣、千足虫、果蝇、盾蝽、螳螂、叶螨、甲壳虫、红蜘蛛、蚜虫、枯叶蝶、粉蝶、凤蝶、蝼蛄、蟋蟀、臭虫、萤火虫、潮虫、马陆、金龟子、跳虫、蝗虫、叶蝉、竹节虫、衣鱼、豆娘、水蚤、水黾、蜘蛛、狼蛛、跳蛛等。

跟上蚂蚁

📄 **游戏目标**：模仿，训练

思维能力，了解动物习性，

认知走路方式

📦 **材　　料**：动物图卡

👞 **适合年龄段**：4岁及以上

👥 **参与人数**：12人及以上

游戏说明：分组，每组○○人。给每人一张动物图卡，只能自己看，不要被其他人看到。每组所有的人排成一队。游戏开始时，最前面的一个人模仿图卡上的动物做动作或行走，后面的人依次跟着模仿，然后猜出是什么动物。如果猜对了，第一个人跑到最后去，第二个人继续开始做手中图卡动物动作，依次类推。直到所有人都做完手中图卡动物的动作，游戏结束。

动物的走路方式

动物的走路方式有很多种。生活在海洋、天空和陆地的动物走路方式各不相同。陆生高等动物共有3种主要的后肢行走方式，它们是跖行式（脚掌走路）、趾行式（脚趾走路）、蹄行式（脚指甲走路）。动物的走路方式还有爬行、飞行、游泳、跳跃、划行、蠕动等方式。水生动物主要是通过躯体和鳍或其他附肢的摆动，在水中产生推力而游泳前进。鸟类在空中飞行，是由于它们轻且中空的骨骼和带有羽毛的翅膀，它们飞行时主要是鼓翼、滑翔和翱翔交替使用。一般来说，小型鸟类以鼓翼和滑翔为主，大型鸟类多具有较好的翱翔能力。

提问　你们模仿了几种动物的动作？它们的走路方式有什么不一样吗？模仿的动物都有几条腿？6条腿、4条腿、2条腿和无腿的动物走路有什么特点？通过这个游戏，大家学到了什么？

植物配对

📄 **游戏目标：** 植物认知，进行对比，激发创意，模仿，训练观察能力

📦 **材　　料：** 植物任务图卡表若干张

📈 **适合年龄段：** 4岁及以上

👥 **参与人数：** 5人及以上

提问

你们知道的植物有哪些？说出几种常见的植物的名称。你们找到了多少种植物？哪些是新认识的植物呢？在这个游戏中，你们学到了多少种植物名称？

游戏说明： 提前熟悉某一个区域的植物，打印出这个地方的植物任务图卡表（图卡表中的植物数量依孩子的年龄来定，一般为8~10种）。分组，给每组发一张任务图卡表，然后大家去找到这个区域里与图卡表中植物一样的植物，并在相应的植物图片旁的空白区域把植物画下来（只画主要特征即可）。看哪组在规定的时间内找到的最多。然后，让大家分享一下找到的植物有哪些特征。这个游戏的任务图卡表也可以换成昆虫、树木、叶子、花朵等的。

植物

植物（plants）形态是地球上生命的主要形态之一，包含了如树木、灌木、藤类、青草、蕨类及绿藻、地衣等常见生物。植物可以分为种子植物、藻类植物、苔藓植物、蕨类植物等。据估计，现存大约有450000个植物物种。植物共有六大器官：根、茎、叶、花、果实、种子。绿色植物都具有光合作用的能力。

熟悉某一个区域

老师最好带着孩子一起去探索区域，了解这个区域的植物构成，区域里的动物和昆虫都有哪些。把它们拍成照片，再通过查阅资料，做成图鉴和图卡，以方便利用这个区域来做更多的自然教育活动。

树与炸弹

📄 **游戏目标：** 树木认知，锻炼体能，训练速度，想出策略

📦 **材　　料：** 树木图卡

🏃 **适合年龄段：** 4岁及以上

👥 **参与人数：** 5人及以上

提问

你认识哪些树木？树木生长需要什么？你喜欢大树吗？树对人类有什么好处？我们要怎么保护树木呢？

游戏说明： 大家围成一个圈，把树木图卡放到地面上让大家都能看到。大家一起讨论有哪些常见的树木，并学习图卡上的树木名称。游戏开始时，一个人先离开，同时其他人员小声决定将一张树木图卡作为"炸弹"并商量"炸弹"被发现时应跑去哪。然后，离开的人返回，试着猜出哪张图卡是"炸弹"。当他指到某张图卡时，其他所有的人要同时说出这张图卡的树木名称；当指到"炸弹"图卡时，大家一起说"炸弹"，并且开始跑向大家事先商量好的一个地方。指图卡的人要去抓大家，如果抓住某人，这个被抓住的人变成新的猜图卡者，若已跑至事先商定的地方，则无法抓捕。这个游戏也可以是把树木图卡换成其他物种图卡，如昆虫、水果、花朵等图卡或者不同物种的混合图卡。图卡也可以用自然物代替，大家一起捡来自然物，用纸杯把自然物盖起来，进行游戏。

常见树木

梧桐树、白杨树、银杏树、柳树、合欢树、雪松、桧柏、柳杉、罗汉松、金钱松、水杉、落羽杉、池杉、云杉、落叶松、枫杨、悬铃木、泡桐、槐树、毛白杨、紫荆、蜡梅、绣线菊、椿树、桑树、山椒树、桤树、山毛榉、黄花柳、栾树、橡树、桦树、苹果树、桃树、梨树、核桃树、榆树、椴树、朳树、椿树、桂花树、枣树、杏树、石楠、接骨木等。

我与虫子

游戏目标： 认知物种，了解虫子的生活环境和生活习性，训练注意力，训练记忆力，训练快速反应能力

材　料： 虫子图卡（或其他物种图卡，或不同物种的混合图卡）

适合年龄段： 4岁及以上

参与人数： 10人及以上

游戏说明： 大家站成一个圆，每个人拿一张虫子图卡。大家依次介绍自己和手中图卡上的虫子。介绍结束后，可由老师或选定一个人决定游戏规则是什么。比如，每个看到盾蝽的人互换位置，每个听到蟋蟀叫声的人互换位置，没有被马蜂咬过的人互换位置，等等。游戏规则还可以是每个看到蛹变成蝴蝶的人蹲下，每个从水里捞过水蚤的人举起双手，所有知道蜘蛛生活在哪里的人拍拍手等。这个游戏也可以根据需要把虫子图卡换成大型动物图卡、植物图卡或其他物种图卡，也可以使用其他不同的物种的混合图卡。

提问

你知道哪些虫子？你喜欢虫子吗？你最害怕的虫子是哪种？你有没有在幼儿园里发现过虫子？它们都是什么虫子？你知道在哪里能找到虫子吗？

卡片配对

📄 **游戏目标：**认知物种，学会对比，训练注意力，训练认知能力，训练快速反应能力，学会合作

📦 **材　料：**物种图卡

📊 **适合年龄段：**4岁及以上

👥 **参与人数：**5人及以上

游戏说明：在一个区域里放入很多卡片，分组。每组站在离区域有一定距离的起点上。老师出示一张图卡，每个小组派1人去区域里迅速找到对应的图卡带回来。然后，老师出示另一张图卡，小组派另一个人去找，依次类推，看看哪组在规定的时间内找到的图卡最多。或者老师发给每组每人一张图卡，然后大家去区域里找到相同的图卡带回来。与每人手中图卡相同的只有一张。结束后，大家对物种进行认知分享。这个游戏也可以用自然物进行，老师出示一个自然物（如松果），大家要去区域里找到更多自然物（松果）。如果用自然物，可以先把自然物捡好放到区域里，也可以是老师出示的时候自己去找，不过要保障这个区域里有配对的自然物。

配对的方式

图卡与图卡配对；图卡与实物配对；实物与实物配对；数字与物品配对；数字与图示配对；词语与词语配对；词语与释义配对；物种与物种特征配对；物种与物种生活环境配对；物种与物种的相关现象配对；物种与人类关系配对，等等。

提问　你找到了多少张图卡？怎样才能快速地找到对应的图卡？小组成员怎么配合才能更快更准确地找到配对的图卡？

鱼的记忆

游戏目标： 了解鱼类的名称和特征，训练观察能力，训练记忆力，学会团队合作，物种认知

材　料： 不同种类的鱼的图卡6~10张，或者不同海洋生物的图卡

适合年龄段： 5岁及以上

参与人数： 10人及以上

游戏说明： 分组。把6~10张不同种类鱼的图卡图面朝下放置在区域内的不同位置，可以根据孩子们的年龄放置不同数量的图卡，让每组在规定的时间内从不同的方向去观察图卡，并且记住图卡上鱼的特征（观察图卡的时候可以把图片翻过来观察记忆）。观察完后，老师可以指向某张图卡，让每组人去猜想图卡上是哪种鱼。也可以说出特征让每组去指认在哪个位置。这个游戏还可以改变，在四方区域的四个边上放置6~10张图卡，把孩子们分成6~10组。开始时让每组的人观察并记住图卡，然后让每组各站到一张图卡的位置上。当听到指令，比如"鲈鱼、草鱼"，这两个组的人要互换位置，换完位置后查看图卡是否符合。依次类推。这个游戏也可以改成植物或其他物种的游戏。

鱼类

鱼类是最古老的脊椎动物。它们几乎栖居于地球上所有的水生环境中，从淡水的湖泊、河流到咸水的海洋，都可以看到鱼的身影。鱼纲动物是脊索动物门中种数量最多的一类，终生在水中生活，以鳃呼吸，用鳍运动并维持身体平衡。鱼类的听觉器只有内耳，多数鱼身体都被鳞片覆盖，身体的温度会随环境变化，属于变温动物。鱼类分软骨鱼类和硬骨鱼类。鱼类有四种不同的食性：滤食性、草食性、肉食性、杂食性。鱼类的消化器官分为口、口咽腔、食道、骨、肠、直肠、肛门等几部分。

常见鱼的名称

带鱼、大黄鱼、鳓鱼、鲳鱼、鲐鱼、大马哈鱼、鳕鱼、鲥鱼、鲫鱼、鲤鱼、鲅鱼、刀鱼、鲈鱼、罗非鱼、银鱼、平鱼、茴鱼、狗鱼、江鳕、杜父鱼、刺鱼、雅罗鱼、青鱼、草鱼、鲢鱼、鳙鱼、三文鱼等。

提问

你知道哪些鱼类？鱼有什么特征呢？它们生活在哪里？怎样才能更好地记住鱼身上的特征？说一说鱼和我们人类的关系。

小鸟左右看

📄 **游戏目标：** 认识鸟类名称和了解鸟类的生活习性，训练快速反应能力，训练注意力

📦 **材　　料：** 鸟类图卡（或根据需要选择不同的物种图卡）

👣 **适合年龄段：** 5岁及以上

👥 **参与人数：** 10人及以上

提问

今天你们认识了多少种鸟类，它们都叫什么名字？你在日常生活中见到过这些鸟儿吗？在哪里看到的？你知道它们喜欢吃什么吗？我们需要怎样和鸟儿们和谐相处呢？

游戏说明： 大家围成一个圈，给每个人发一张鸟类的图卡，大家一起认识手中图卡中鸟的名称，然后大家都扮成小鸟，选择一个人站在中间。中间的人需要随机指向某一个人，并说"左"或"右"，比如他指到某个人，并说"左"，那么这个被指到的人要看向左边的"邻居"，并说出左边人手上图卡中鸟类的名称。如果中间的人说"右"，那么被指到的人要看向右边，说出右边"邻居"手上图卡中鸟类的名称，依次类推。如果中间的人同时说"左右"，那么所有的人分散开重新站位置圈成一圈。如果被指到的人没有说对，就与中间的人互换角色，游戏继续。也可以根据学习活动的主题准备图卡，比如动物图卡（可以认识动物的名称、种类、习性和栖息地等）、植物图卡（可以认识植物的名称、种类、与人类的关系、四季变化）等。

鸟类

鸟类一般指鸟纲，是脊椎动物亚门的一纲。鸟类是两足、恒温、卵生的脊椎动物，身披羽毛，前肢演化成翼，有喙无齿，身体呈流线型（纺锤形），大多数飞翔生活。我国的鸟类分为游禽、涉禽、攀禽、陆禽、猛禽、鸣禽六大类，此六类统称为鸟类的六大生态类群。鸟类的食物多种多样，包括花蜜、种子、昆虫、鱼、腐肉或其他鸟，所以鸟类的食性可分为食肉、食鱼、食虫和食植物等类型，还有很多居间类型和杂食类型。有些种类的食性因季节变化、食物多寡、栖息地特点以及其他条件而异。一些鸟类在不同季节会更换栖息地，或是从营巢地移至越冬地，或是从越冬地返回营巢地，这种季节性现象称为迁徙。鸟类因迁徙习性的不同，可分为留鸟、夏候鸟、冬候鸟、旅鸟、迷鸟等几个类型。

常见鸟类名称

麻雀、燕子、喜鹊、灰喜鹊、乌鸦、乌鸫、斑鸠、大雁、鹰、猫头鹰、啄木鸟、百灵、杜鹃、白头翁、戴胜、鹦鹉、鸽子、雀鹰、天鹅、仙鹤、丹顶鹤、星鸦、白鹭、苍鹭、林雕、游隼、画眉、海鸥、文鸟、蜂鸟、苍鹰、秃鹫、布谷鸟、黄雀、山雀、黄鹂等。

水果大作战

游戏目标：认识不同的水果以及水果的营养价值，锻炼体能，训练速度，训练快速反应

材　料： 水果图卡若干

适合年龄段： 5岁及以上

参与人数： 10人及以上

提问

你们平时最喜欢吃什么水果？你知道多少种水果的名称？水果对我们身体有什么好处呢？

游戏说明： 给每个人发一张水果图卡。游戏开始时，每人试着去捉其他人。每当一个人被抓，抓人和被抓的人需要马上出示他们的图卡，并说"1，2，3，战斗！"，首先说出对方手中图卡中水果名称的人胜利，并获得对方的图卡。失去图卡的人重新拿一张图卡继续参与游戏。赢了两张图卡的人被抓到时可以选择出示哪张图卡对战，如果失败了，需要把那张图卡送给对方。最后，赢得最多数量图卡的人是胜利者。游戏结束后，大家围成一圈介绍水果图卡，比如水果的名称、水果的营养价值、水果生长环境等。每张图卡的获得者先说，老师和其他人补充，这样大家可以相互学习。这个游戏也可用其他的图卡，如动物图卡、树木图卡、昆虫图卡、自然现象图卡等。

水果名称

苹果、香蕉、梨、橘子、橙子、菠萝、荔枝、火龙果、葡萄、猕猴桃、桃子、杏、李子、西瓜、哈密瓜、樱桃、沙果、海棠、野樱莓、枇杷、欧楂、山楂、柠檬、青柠、柚子、金橘、葡萄柚、香橼、佛手、提子、蓝莓、蔓越莓、越橘、西梅等。

水果的营养价值

水果有很丰富的营养价值，对人类有很多好处。水果是维生素和无机盐的重要来源：许多新鲜水果含有大量的维生素C，如橘子、蓝莓、大枣等，红色和黄色的水果还含有大量的胡萝卜素，如柑橘、芒果、杏、菠萝和柿子等；水果也是钙、磷、铁、铜等无机盐的良好来源，其所含铁和铜易于吸收和利用，可作为贫血患者的治疗用品。此外，水果中的有机酸、芳香物质、果胶和纤维素（如大多水果含有苹果酸，柑橘类水果含有枸橼酸，葡萄中含有酒石酸等），可以刺激胃肠蠕动和消化腺的分泌，引起食欲，有助于食物的消化、吸收和排泄。

九宫格

📄 **游戏目标：**锻炼观察能力，训练专注力，训练逻辑思维能力

📦 **材 料：**绳子，两种不同物种种类的图卡（如一种是3种昆虫的图卡，一种是3种花的图卡）

🔼 **适合年龄段：**5岁及以上

👥 **参与人数：**10人及以上

提问

你玩过九宫格游戏吗？有什么好的方法来完成任务？通过做这个游戏，你认识了新的昆虫或其他物种吗？

游戏说明：用绳子（或者木棍、松果等）搭建一个九宫格。分成2组进行游戏。每组有3种同一物种图卡。如一组分到3种不同昆虫的图卡，另一组分到3种花的图卡。两组队员站在离九宫格一定距离处。每组的队员排好队，给每组的前三人每人一张图卡。听到"开始"指令后两组的第一人迅速跑到九宫格处，把图卡放到一个方框内。然后他们跑回队里，后面一个人出发，依次类推。每组的目标是使3张相同的图卡垂直放置，平行放置或成对角线放置。如果前三个人无法将三张图卡拼摆完成目标，组里其他的人可以过去移动图卡。此游戏也可以提高难度，增加挑战，比如往4×4个格子里摆图卡等。

九宫格

九宫格是一款数字游戏，起源于河图洛书。河图洛书与洛书是中国古代流传下来的两幅神秘图案，历来被认为是河洛文化的滥觞，中华文明的源头，被誉为"宇宙魔方"。九宫格游戏规则是：使用1至9九个数字，横竖都有3个格，思考怎么使每行、每列及每条对角线上的三数之和都等于15。这个游戏不仅考验人的数字推理能力，也同时考验了人的逻辑思维能力。九宫格游戏对人们的思维锻炼有着极大的作用，从古时起人们便意识到这点。当然，我们在实际游戏中，也可以在九宫格中放置其他的物品，如字母等，使每行或每列和每条对角线上的三个物品具有某种特征或意义。

我是谁

📄 **游戏目标：** 认知物种，训练注意力，想出策略，训练记忆力，训练快速反应能力

📦 **材　　料：** 绳子，衣夹，粮食作物图卡

📶 **适合年龄段：** 5岁及以上

👥 **参与人数：** 10人及以上

游戏说明： 把一条绳子拴在两棵树上，绳子上用衣夹挂上粮食作物的图卡。大家仔细观察一下图卡，并记住图卡中都有哪种粮食作物。选择一个人作为猎人，猎人站在中间区域，距离绳子另一侧一定的距离处设置为安全区。其他每个人选择一张图卡，不要告诉其他人自己选择的是哪一张（选择图卡的时候只是记住自己选择的是哪张图卡，上面是什么物种，不要把图卡拿下来）。所有人选好自己的图卡后，面对猎人，猎人试着猜出他们选择的是哪张图卡并大声说出来，如"有没有可以做面包的小麦？""有没有长在地底下的马铃薯？"或者"有没有被压弯腰的谷子？"当有人选择的图卡名称被说中，他们必须要经过猎人跑到另一边的安全区域。当猎人说"所有田地里的粮食到我这里来"时，所有的人都要经过猎人跑到安全区域。猎人要抓跑过来的人，如果被猎人抓到，这个人就会变成猎人，一起去抓其他的人。如果没有被猎人抓到，可以等在安全区域，也可以回归到其他人当中，继续游戏。

农作物

农作物是农业上栽培的各种植物，包括粮食作物、经济作物（油料作物、蔬菜作物、花、草、树木）两大类。可食用的农作物是人类基本的食物来源之一。粮食作物是人类作主食食用的作物，包括：以籽实为收获物的谷类作物，主要有水稻、小麦、大麦、燕麦、黑麦、小黑麦、玉米、高粱、谷子、糜子等；以种子供食用的作物，主要有大豆、小豆、蚕豆、豌豆、绿豆、扁豆等；以块根和块茎为食用部分的作物，主要有甘薯（亦称白薯、地瓜、红苕、红薯）、木薯和马铃薯。

提问

你们认识了多少农作物？知道它们可以给我们人类提供什么吗？这些农作物是怎么种植的呢？大家知道我们吃的农作物还有哪些吗？怎么能更好地记住绳子上的物种图卡呢？

脖子上的动物（植物）

📄 **游戏目标**：认识动物名称，它们的生活习性、样貌特征，锻炼语言表达能力，锻炼沟通能力，锻炼社会交往能力

📦 **材　料**：动物（植物）图卡，衣夹

📶 **适合年龄段**：6岁及以上

👥 **参与人数**：5人及以上

游戏说明：分组。每组围成一个圆，给每个人一张动物图卡，用衣夹夹在颈部，自己不能看到（或者把图卡夹到后背）。通过提问题，其他人回答"是"或"否"来确定是哪种动物。可以演示如"我是否有6条腿？""我在冬天冬眠吗？""我有长长的鼻子吗？""我有翅膀吗？""我喜欢吃香蕉吗？"等。通过不断提问和回答，提问者会慢慢缩小图卡上的动物的范围。猜对自己的图卡上的动物后，可以换其他的动物图卡或者帮助其他人回答问题来继续游戏。当所

有人都知道他们自己脖子上挂的图卡上的动物是什么时，大家可以一起讨论一下自己图卡上的动物，如这种动物有多少条腿，尾巴是什么样的，脚印是什么样的，生活习性如何（如何走路、睡觉、食物和毛发什么样等），生活环境怎么样等。这个游戏的主题可以换成植物或其他的物种。

动物问题举例：

大象： 我有6条腿吗？我很高大吗？我生活在陆地吗？我有长长的牙齿吗？我有长长的鼻子吗？我有大大的耳朵吗？

狗熊： 我是虫子吗？我是哺乳动物吗？我在森林里居住吗？我冬天冬眠吗？我身上有毛吗？我最喜欢吃蜂蜜吗？

蚂蚁： 我有6条腿吗？我有翅膀吗？我居住在陆地上吗？我喜欢群居吗？我居住在地下吗？我们有王后吗？我最喜欢吃甜食吗？

鱼： 我有腿吗？我会飞吗？我住在海洋里吗？我会游泳吗？我用肺呼吸吗？我身上有鳞吗？

猴子： 我会飞吗？我有6条腿吗？我没有腿吗？我是哺乳动物吗？我喜欢爬树吗？我有长长的尾巴吗？我喜欢吃香蕉吗？

喜鹊： 我有6条腿吗？我有4条腿吗？我有2条腿吗？我有翅膀吗？我住在树上吗？我有长长的尾巴吗？我喜欢喳喳地叫吗？

兔子： 我有4条腿吗？我有翅膀吗？我生活在草地上吗？我跑得很快吗？我有长长的耳朵吗？我喜欢吃胡萝卜吗？

鸭子： 我有6条腿吗？我有4条腿吗？我有翅膀吗？我生活在陆地上吗？我生活在水里吗？我会游泳吗？我会嘎嘎地叫吗？

猪： 我有4条腿吗？我生活在水里吗？我是哺乳动物吗？我是家养动物吗？我有大大的耳朵吗？我有大大的鼻子吗？我喜欢吃剩饭菜吗？

这只是一些例子，当然，在确定自己图卡上的是哪种动物之前，可能需要问更多的问题才能得到答案。

提问

通过这个游戏，你知道了多少种新的动物？它们的特征是什么样的？它们生活在什么地方？最喜欢吃什么？你还知道关于这些动物的哪些生活习性呢？

创意游戏

Chuangyi youx

陆

自然中的
创意游戏

ZIRANZHONG DE
CHUANGYI YOUXI

大自然就是一个自由创意的大教室，在大自然中思维会变得更加敏捷，想象力会更丰富，创意也是无限的。大自然中那些自然物都可以作为我们创意的素材，比如做一幅自然物的画，制作一些自然物的手工艺术品，雕刻小精灵人物[1]，用自然的色彩进行砸染[2]、涂色，装饰一棵大树，制作小景观，进行音乐创作[3]，等等。自然中有丰富的素材等着大家去用，自然也是最好的舞台，让大家可以自由大胆地发挥。

自然中的创意游戏全部使用自然物进行创意制作，不管是孩子还是成人都非常喜欢。在我们的培训和活动中，大家都特别喜欢自然创意的部分，因为看着自己的或团队合作做出的作品，那种成就感和喜悦感是其他人无法体会的。而在这些创意的活动中，每个人的想象力都发挥了出来，团队一起合作，大家可以相互讨论、共同创作，给自己的作品起名字、编故事等。在创作完成后，大家还会相互参观，介绍自己的作品，语言和表达能力以及社会交往能力也得到了极大地提高。

大自然中材料丰富，也提供了多样性的空间，孩子们的运动技能每天都得到锻炼，还能激发想象力和创造力。我们利用所有的感官（听觉、视觉、嗅觉、触觉和味觉），在一年中跟随季节的变化去探索自然。自然创意游戏是根据不同的季节做不同的活动，在同一个地方也可以获得不同的经验。

---

[1] 雕刻小精灵人物是用自然物、木棍等创造小精灵形象，属于自然艺术。

[2] 砸染是一种用自然色彩进行艺术创作的活动，准备一些白布或白纸把一些树叶、花朵等放在上面，在上面再盖一张布或纸、放在平整地方用橡皮锤砸，这样会把色彩染到布或纸上，非常漂亮。（参见本书171页"自然的颜色"游戏）

[3] 可以用自然物互相敲打，或把叶子卷起用嘴吹等，此处的音乐创作专指用自然物发出声音的音乐创作。

森林精灵

📄 **游戏目标：** 激发创意，学会合作，训练想象力，训练语言表达能力，培养社会交往能力

📦 **材　　料：** 自然物

⬆️ **适合年龄段：** 3岁及以上

👥 **参与人数：** 9人及以上

游戏说明： 分组。每组要选择不同的自然物来创作一个森林精灵。这个森林精灵可以是只用自然物创作的，也可以是以一棵树为主体创作的，或者以组里的某个人为主体创作的。如果以组里的某个人为主体创作会更生动有趣，可以用自然物给这个人制作头冠、耳环、衣服、装饰物和携带物等。看看哪组在规定的时间内先完成创作，然后各组相互展示并介绍自己的作品。

提问

你觉得森林精灵是什么样子的？还可以用什么东西来创作森林精灵？森林精灵会有怎样的生活呢？它们喜欢什么呢？

小精灵村

📄 **游戏目标：** 激发创意，学会合作，训练动手能力

📦 **材　　料：** 自然物

🔼 **适合年龄段：** 3岁及以上

👥 **参与人数：** 5人及以上

游戏说明： 分组。每组先用木棍制作小精灵，然后选择一个区域，大家一起给小精灵搭建一个小村庄。每组搭建自己的小精灵的家，也可以搭建商店、健身房、体育馆、游乐场、道路、车站、机场等。最后，将大家一起搭建的建筑组合在一起就形成了一个小精灵的村庄，每组可以给自己搭建的村庄起名字。搭建好后，大家围着小精灵村坐下来，一起讨论小精灵村的功能，还可以做哪些改进，小精灵在里面会有怎样的生活等。

提问

你觉得小精灵喜欢生活在什么样的地方？它们会喜欢你们搭建的小精灵村吗？怎么能让小精灵有更好的生活呢？

颜色图案

📄 **游戏目标：** 激发创意，学会合作，培养动手

能力，认知颜色

📦 **材　　料：** 不同花纹的图卡（或用过的有花

纹或图案的布块或围巾）

📑 **适合年龄段：** 3岁及以上

👥 **参与人数：** 10人及以上

游戏说明： 分组。给每组发一张图卡或围巾，大家要按照上面图案中的花纹颜色找到自然中对应颜色的自然物，然后用这些自然物拼成一个图案。拼完后，各组相互参观，介绍自己的作品。这个游戏也可以是一起用找回来的不同颜色的自然物拼一个大的图案。

提问

找到的自然物中，哪种颜色最多？这个季节什么颜色最丰富？这些自然物可以怎么分类？通过做这个游戏，你有什么感想？

叶子与我

📄 **游戏目标**：激发创意，培养想象力，学会合作

📦 **材　　料**：落叶和绳子（或木棍）

⬆ **适合年龄段**：3岁及以上

👥 **参与人数**：5人及以上

游戏说明：分组。每组选择一个人躺在地上，用绳子或木棍勾勒出这个人的轮廓，然后大家找来树叶填充。这样，地上就会呈现出孩子们自己轮廓的图形了。也可以大家一起创作一个人形图案，用叶子和其他自然物填充。如果在秋天落叶的时候做这个游戏，效果更好。

提问

怎样让叶子填充成的人形图形更像自己？还可以用什么自然物来做这个游戏？人体的构造包含哪些部分？

自然的颜色

📄 **游戏目标：** 用自然物的颜色染色，激发创意，训练动手能力

📦 **材　　料：** 橡皮锤，白手帕

👣 **适合年龄段：** 3岁及以上

👥 **参与人数：** 1人及以上

游戏说明： 给每人分发一条白色手帕或一块白布，几个橡皮锤大家可以轮流使用。寻找自然中的颜色（比如绿叶、花朵等），放到白布上，然后用一张白纸盖在上面，使用橡皮锤轻轻砸有自然物的地方，砸的时候用力要均衡。感觉差不多了，把白纸掀开，手帕上会留下自然物的图案和色彩。这样便可以设计出自己的创意手帕。这个活动也可以是将自然物和手帕一起放到水里煮来染色，可以把白手帕或布扎起来，染完色后就会有不同的花纹图案。

草木染

草木染即使用自然原料进行染色的方法，在我国新石器时代已经开始使用了。在新石器时代，人们发现花、果的根、茎、叶、皮都可以用温水浸渍来提取染液，而且颜色和牢度更好，于是植物染料逐渐代替了矿物染料。周代，植物染料在品种及数量上都达到了一定的规模，并且当时设置了专门管理植物染料的官员负责收集染草，以供浸染衣物之用。秦汉时，染色已基本采用植物染料，形成独特的风格。草木染取法自然，无污染；染出的织物色泽纯净柔和，散发着草木清香。

提问

你觉得怎样能用自然物在白布上涂上漂亮的颜色？用自然物染色的方法有哪些？怎么能让自然物的颜色释放出来？哪些自然物是最好的染色材料？

石头小路

📄 **游戏目标：**激发创意，学会合作，锻炼语言

表达能力，训练想象力

📦 **材　　料：**石头和其他自然物，食用色

🔼 **适合年龄段：**3岁及以上

👥 **参与人数：**3人及以上

游戏说明：分组。每组寻找一个区域，用石头给小动物建造一条小路。石头路上还可以设计一些花纹，可以用不同颜色的石头，或者用食用色给石头涂上颜色。建完小路后，还可以在小路两边种上"树木""花草"等，还可以设置一些站牌，制作一些小动物放到小路上，然后用这条小路创编一个故事。请大家把故事讲出来，如这条小路是给谁建的，小路上都有什么，在这条小路上发生了什么事，小动物们是否喜欢这条小路，小路给它们带来了哪些好处，等等。

提问

你是给什么小动物建造的小路，怎么能让小动物更喜欢这条小路呢？在这条小路上会发生什么故事呢？还可以用什么给小动物建造小路呢？小路给小动物们带来了哪些好处呢？

小马过河

📄 **游戏目标：** 激发创意，学会合作，锻炼体能，想出策略

📦 **材　料：** 木棍和其他自然物

📶 **适合年龄段：** 3岁及以上

👥 **参与人数：** 10人及以上

游戏说明： 游戏开始时，可以先以"小马要过河去看望它的朋友，但是河水太深，它过不去，请大家帮助小马搭建一座小桥"的故事情境导入。分组。每组要用从自然中捡来的木棍搭起小桥。可以给小桥设定一个长度和宽度，看看大家要用多少根木棍才能搭建起小桥。搭建过程中可以用其他自然物辅助。小桥搭建完后，每组成员可以用不同的方式从小桥上走过，如两个人一组过去，一组人手拉手走过，蹲着走过等。

提问

怎样才能搭一座小桥让小马顺利过河？小桥可以搭成什么样？还可以用什么自然物品搭建小桥？如何装饰小桥，小马才会喜欢？

雪雕

📄 **游戏目标：** 激发创意，训练想象力，学会合作

📦 **材　　料：** 雪，盒子，小铲子，不同形状的模型，食用色素，

自然物

📶 **适合年龄段：** 3岁及以上

👥 **参与人数：** 5人及以上

游戏说明： 分组。每组用雪做一个雪雕。可以用雪建造一个公园、村庄等。也可以每组建一条长长的雪蛇或其他物体，再用食用色素给其染上漂亮的颜色。还可以用自然物进行装饰。

提问

怎样把雪雕建得更漂亮？还能做什么样的雪雕？怎样把雪做成更多形状的作品？

虫子的家

📄 **游戏目标：** 了解虫子的生活习性和生存环境，激发创意，锻炼想象力，锻炼语言表达能力

📦 **材　料：** 黏土，白布，自然物

🔼 **适合年龄段：** 3岁及以上

👥 **参与人数：** 3人及以上

游戏说明： 带领孩子学习不同虫子的生活习性和生存环境知识，如虫子有的生活在地下，有的生活在石头下，有的生活在树上，有的生活在水里等，然后分组。给每组一些黏土和一张白布。每组要用黏土捏成虫子，然后用捡来的自然物打造虫子的生活环境，再把捏好的虫子放到搭建的生活环境中。大家做完后，互相参观，主创人员要介绍他们制作的虫子和生活环境，讲述它们是怎么在那里生活的，等等。这个游戏也可以是搭建鸟类的家等。

提问

你们认识的虫子有哪些？你们觉得虫子都生活在什么样的环境中？它们的生活是什么样的？怎样能让虫子生活得更好？

鼹鼠的地道

📄 **游戏目标：** 学会合作，想出策略，

激发创意，了解坡道与摩擦力

📦 **材　　料：** 雪，小铲子，瓶子

🔼 **适合年龄段：** 4岁及以上

👥 **参与人数：** 6人及以上

游戏说明： 分组。在雪地上挖地道。大家站在同一起始线上，看哪组在规定的时间内挖的地道长度最长。这个游戏也可以是把装满水的瓶子放到地道里，看其是否能在地道里顺利滑行，并且讨论怎么样能让瓶子滑得更远。此活动也可以在沙滩或沙池里进行，或者用铺小路的方式。

提问

如何能在雪上把地道挖得更光滑？怎样能让瓶子在地道上顺利地滑行？怎样能使瓶子滑行得更远？

有机大餐

📄 **游戏目标：** 了解可持续发展，激发创意，训练想象力，了解食物的营养价值和其与自然界的关系

📦 **材　料：** 纸盘，自然物

📈 **适合年龄段：** 4岁及以上

👥 **参与人数：** 5人及以上

游戏说明： 大家围成一圈。讲解可持续发展的概念以及有机蔬菜知识，然后给每人发一个纸盘。在规定的时间内，大家要用自然物来做一盘有机大餐，并给自己的大餐起个名字。做完后，每个人把自己的大餐放到前面，相互介绍自己的有机大餐的名字，讲解它为什么是有机的，有什么营养价值等。

有机食品

有机食品（organic food）也叫生态食品或生物食品，是国际上对无污染天然食品比较统一的提法。有机食品通常来自有机农业生产体系，根据国际有机农业生产要求和相应的标准生产加工的。有机食品的生产和加工不使用化学农药、化肥、化学防腐剂等合成物质，也不用基因工程生物及其产物，因此，有机食品是一类真正来自自然、富营养、高品质和安全环保的生态食品。

提问

你知道什么是有机食品吗？你最喜欢哪些食物呢？怎样能让食物既好吃又有营养呢？怎样才能让食品业可持续发展？

复制图画

📄 **游戏目标：** 激发创意，学会合作，训练想象

力，训练观察力，训练记忆力

📦 **材　料：** 自然物（如木棍），白布

👣 **适合年龄段：** 5岁及以上

👥 **参与人数：** 6人及以上

游戏说明： 分组，给每组发2张白布，用其中一张白布作为背景，或用木棍做边框，用自然物拼出一幅图画。各组都拼完后，老师指定每个组要复制哪张图画。然后，每组去观察那张图画，并记住构图和细节，观察完后（观察时间可以设定在1~2分钟），用白布把那些图画都盖住。然后，每组的人在要复制的图画旁边用自然物做一幅一样的图画。作品完成后，大家互相参观，由每幅画的主创人员进行介绍，看看复制的图画和原图是不是一样，打开原图进行比较和介绍。

提问 　　怎样才能更好地记住图画中的内容？游戏中使用了哪些记忆方法？什么样的构图不容易被复制？

建一所可持续幼儿园（学校）

📄 **游戏目标：** 了解可持续发展的三要素，激发创意，学会合作，进行社会交往，锻炼语言表达能力

📦 **材　　料：** 自然物

🔼 **适合年龄段：** 5岁及以上

👥 **参与人数：** 10人及以上

游戏说明： 分组。每组要用自然物打造一所可持续发展的幼儿园（打造一所幼儿园需要满足可持续发展的三个元素：环境、社会和经济）。打造完成后，各组要给大家讲一下为什么这个幼儿园是可持续发展的，怎么满足环境、社会和经济这三方面的要求，怎样实现可持续。

可持续发展

1987年，挪威首相布伦特兰夫人在她任世界环境与发展委员会主席期间的报告《我们共同的未来》中，把可持续发展定义为"既满足当代人的需要，又不对后代人满足其需要的能力构成危害的发展"。这一定义得到广泛的接受，并在1992年联合国环境与发展大会上取得共识。我国有的学者对这一定义作了如下补充：可持续发展是"不断提高人群生活质量和环境承载能力的、满足当代人需求又不损害子孙后代满足其需求能力的、满足一个地区或一个国家需求又未损害别的地区或国家人群满足其需求能力的发展"。

2015年9月25日，联合国可持续发展峰会在纽约总部召开，联合国193个成员国在峰会上正式通过17个可持续发展目标。可持续发展目标旨在从2015年到2030年间，以综合方式彻底解决社会、经济和环境三个维度的发展问题，转向可持续发展道路。

提问

你知道什么是可持续发展吗？可持续发展的三个元素是什么？怎样打造一所可持续发展的幼儿园呢？

防御城堡

📄 **游戏目标：** 激发创意，学会

合作，训练注意力，锻炼体能，

想出策略

📦 **材　　料：** 雪

👣 **适合年龄段：** 5岁及以上

👥 **参与人数：** 10人及以上

游戏说明： 本活动为冬季雪地活动。分组，每组5~6人在规定的时间内，每组要用雪建一个1米高、30厘米宽的城堡，城堡可以设计成不同的样子，再装饰上一些自然物或画上图案，也可以用食用色涂上一些颜色等。城堡建完后，每组要守在自己的城堡周围，并用雪球去攻击另一组的城堡，看哪组的城堡在规定时间内被摧毁得更严重。如果雪球打中某人，这个人需要在雪地上跑5圈再回归游戏。

提问

怎么能够把城堡建得又快又好？可以把城堡装饰成什么样子？如何能让雪球更准确地击中城堡？怎么躲避雪球？通过做这个游戏，大家的感想是什么？

装饰一棵树

📄 **游戏目标：** 激发创意，锻炼想象力，学会合作，锻炼语言表达能力

📦 **材　　料：** 不同颜色的毛线，自然物

📊 **适合年龄段：** 5岁及以上

👥 **参与人数：** 5人及以上

游戏说明： 分组。给每组发不同颜色的毛线，可以用毛线做一些装饰物，然后寻找自然物，用这些东西来一起装饰一棵大树（不要伤害大树）。装饰完，大家可以相互参观，向其他组介绍自己组的作品，可以用装饰的大树创编一个故事。游戏结束后，要把装饰在树上的物品取走，使其恢复原样。

提问

如果你在森林里，怎样装饰一棵树更容易被人看到？你希望把大树装饰成什么样子？怎样能让别人更了解你装饰的大树呢？我们怎么做才能保护树木？

后记

　　编写完这些游戏，自己也学到了很多东西。自然是一个永远也挖掘不完的大宝库，与自然接触，哪怕只是写写关于自然的事儿，也感觉很放松，想象力更是开放了许多。因此，如果大家在工作中觉得累了，或者需要彻底给心灵放个假，那就去大自然，回来把自然记录写下来或画下来。自然之旅才是真正的心灵之旅。记得在瑞典时我看过一个科学探索片，是美国、日本和瑞典的科学家做的关于森林对人类健康的益处的影片。影片中提到，在森林里徒步、做活动，哪怕什么也不做，森林也会给身心带来健康的收益，这也是为什么近年很多森林疗愈的项目开始被推广，越来越受到人们的欢迎。

　　疫情开始之前，我就想把培训中运用的一些游戏整理下来，因为不管是参加培训的老师，还是我自己的老师都经常和我要一些游戏材料。他们希望有更多的游戏作为自己的储备，这样在做自然教育活动时心里才会更踏实。我那时就口头上告诉他们一些游戏，或者讲解可以怎么做，让他们把幼儿园中用到的一些游戏自己改编成与自然教育主题相关的游戏（参加培训的老师大部分是幼儿园老师）。尽管如此，老师们还是和从前一样，每到准备一个大型活动的时候，仍会问需要设计什么游戏，有哪些现成的游戏可以用。因此，我想把一些常用的游戏整理到一起，给大家提供参考。这样老师们可以不用到处去查资料或去问其他的老师，在这些游戏资料中找到自己想用的就行了。

　　疫情开始之前，我有各种培训和去北欧的游学交流活动，基本上每天都忙忙碌碌，既没有时间，也静不下心来编写图书。直到 2020 年 8 月底回国后，培训活动也少了，国际活动都取消了，大部分时间都是在家办公，所以就想起这些游戏，于是又把之前做的培训资料和之前记录的一些想法翻了出来，开始着手整理。感觉有记录的习惯很好，碰到什么现象、听到什么事情、心里有好的想法就随时记下来，一旦需要搞创作或用起来的时候，可以比较容易地找出来。因此，建议大家也这样做：准备一个记录本（或手机上的记事簿），听课或在户外活动时，有什么好想法出现了就记下来。哪怕只是记个大概的内容，以后这些也许就有了用武之地，这样也对自己教学活动有很大帮助。

2022 年年初，中国林业出版社编审肖静老师与我联系，说他们正在做一系列关于自然教育的图书，想把自然游戏的书放进去。肖老师也算是老朋友了，帮我们出版过"自然教育幼儿园活动指导手册"系列的第 1 册和第 2 册。经过几次讨论，肖老师还给图书起了个名字，就是本书现在的名字：与自然嬉戏。感谢肖老师的支持与对本书的赠名。这本书直到现在又被修改调整了很多次，并且增加了一些游戏，现在共 129 个游戏。还有很多游戏，留待后面培训的时候再陆续带给大家吧！

还要感谢北欧营地教育协会的主席马丁·豪格先生和瑞典、挪威自然学校的老师们，在书的编写中给了我很多启发和灵感；感谢溪谷森林自然教育的牛艳青老师在书的名字和以什么形式展示给大家方面给了很多好的想法；还要感谢我的外甥女——四川传媒学院的郭宇田帮忙画了书中知识介绍的示意图。与自然的互动，国际上都是一样的，大家都怀着对自然的敬畏之心，爱护自然，保护自然，与自然和谐共生。

与自然建立连接可以从最简单的感知开始：走到户外，感觉轻轻的微风拂面；蹲下来，闻一闻花朵的清香；观察一片叶子，寻找它美丽的花纹；用手指轻触土壤，感知泥土的柔软清凉；找一个地方静静地坐下，闭上眼睛，聆听自然中美妙的声音；抚摸不同的自然物，感受它们不同的表面，光滑的、粗糙的、柔软的、坚硬的……接下来你可以与自然进行更深入的接触，观察一只昆虫，看看它的身体结构、生活环境，以及它的食物和天敌；寻找小动物的痕迹，它们的脚印、它们的食物残渣、它们的粪便都是很好的辨识线索；感知一棵树，摸一摸树干，听一听树的声音，闻一闻树的味道，品尝一下树的果实（如果能吃），看一看树在一天不同时间的变化或者一年四季的变化……这样，你会越来越喜欢走进自然，与自然一起游戏。然后，你还可以把在自然中的感受、想法以及你的发现和认知做成游戏，与孩子们一起玩耍，这是一件非常快乐的事儿！

希望这本书的游戏也能给大家带来灵感和启发，能让读者因为这些游戏更喜欢自然，更喜欢自然教育。

附：自然游戏百宝箱

1. 各种收集的自然物，如松果、坚果、木棍、树叶、石头、花朵、种子、木头、苔藓、蘑菇、动物的粪便、吃剩的果实、动物掉落的毛发、羽毛、骨骼等。

2. 学校和幼儿园常用的工具，如绳子、布头、旧围巾、毛线、水瓶、硬纸板、白布、纸、笔、纸杯子、小铲子、勺子、铃铛等。

3. 用黏土、陶泥等创作的作品，用布头、毛线、木棍等做的小人，用卡纸纸杯创作的艺术品以及日常活动中创作的一些作品等。

4. 自己画的或打印的一些物种图卡等。

5. 一些废旧的玩具，如毛绒玩具、玩偶、小动物布偶等。

6. 木头雕刻的一些物件，如鸟类，昆虫等。